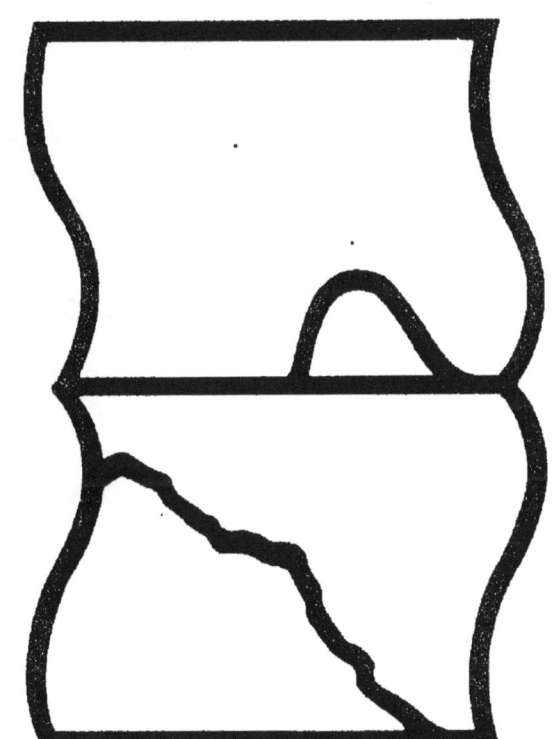

Texte détérioré — reliure défectueuse

NF Z 43-120-11

1929

LA

BELLE-NIVERNAISE

HISTOIRE

D'UN VIEUX BATEAU ET DE SON ÉQUIPAGE

Il a été tiré de cet Ouvrage

Vingt-cinq Exemplaires numérotés

Sur Papier du Japon

Avec les Gravures tirées sur Papier de Chine

ALPHONSE DAUDET

LA
BELLE-NIVERNAISE

HISTOIRE

D'UN VIEUX BATEAU ET DE SON ÉQUIPAGE

PARIS

C. MARPON ET E. FLAMMARION

ÉDITEURS

26, RUE RACINE, PRÈS L'ODÉON

Tous droits réservés.

A. D.

LA
BELLE-NIVERNAISE

CHAPITRE PREMIER

UN COUP DE TÊTE

La rue des Enfants-Rouges, au quartier du Temple.

Une rue étroite comme un égout, des ruisseaux stagnants, des flaques de boue noire, des odeurs de moisi et d'eau sale sortant des allées béantes.

De chaque côté, des maisons très hautes, avec des fenêtres de casernes, des vitres troubles, sans rideaux, des maisons de journaliers, d'ouvriers en chambre, des hôtels de maçons et des garnis à la nuit.

Au rez-de-chaussée, des boutiques. Beaucoup de charcutiers, de marchands de vin; des marchands de marrons; des boulangeries de gros pain, une boucherie de viandes violettes et jaunes.

Pas d'équipages dans la rue, de falbalas, ni de flâ-

neurs sur les trottoirs, — mais des marchands de quatre saisons criant le rebut des Halles, et une bousculade d'ouvriers sortant des fabriques, la blouse roulée sous le bras.

C'est le huit du mois, le jour où les pauvres payent leur terme, où les propriétaires, las d'attendre, mettent la misère à la porte.

C'est le jour où l'on voit passer dans des carrioles des

déménagements de lits de fer et de tables boiteuses, entassés les pieds en l'air, avec les matelas éventrés et la batterie de cuisine.

Et pas même une botte de paille pour emballer tous ces pauvres meubles estropiés, douloureux, las de dé-

gringoler les escaliers crasseux et de rouler des greniers aux caves !

La nuit tombe.

Un à un les becs de gaz s'allument, reflétés dans les ruisseaux et dans les devantures de boutiques.

Le brouillard est froid.

Les passants se hâtent.

Adossé au comptoir d'un marchand de vin, dans une

bonne salle bien chauffée, le père Louveau trinque avec un menuisier de La Villette.

Son énorme figure de marinier honnête, toute rougeaude et couturée, s'épanouit dans un large rire qui secoue ses boucles d'oreilles.

— Affaire conclue, père Dubac, vous m'achetez mon chargement de bois au prix que j'ai dit.

— Topez là.

— A votre santé!

— A la vôtre!

On choque les verres, et le père Louveau boit, la tête renversée, les yeux mi-clos, claquant la langue, pour déguster son vin blanc.

LA NUIT TOMBE, LES PASSANTS SE HATENT

Que voulez-vous! personne n'est parfait, et le faible du père Louveau, c'est le vin blanc. Ce n'est pas que ce soit un ivrogne. — Dieu non! — La ménagère, qui est une femme de tête, ne tolérerait pas la ribote; mais quand on vit comme le marinier, les pieds dans l'eau, le crâne au soleil, il faut bien avaler un verre de temps en temps.

Et le père Louveau, de plus en plus gai, sourit au

comptoir de zinc qu'il aperçoit au travers d'un brouillard et qui le fait songer à la pile d'écus neufs qu'il empochera demain en livrant son bois.

Une dernière poignée de main; un dernier petit verre, et l'on se sépare.

— A demain, sans faute?
— Comptez sur moi.

Pour sûr il ne manquera pas le rendez-vous, le père

Louveau. Le marché est trop beau, il a été trop rondement mené pour qu'on traînasse.

Et le joyeux marinier descend vers la Seine, roulant les épaules, bousculant les couples, avec la joie débordante d'un écolier qui rapporte un bon point dans sa poche.

Qu'est-ce qu'elle dira la mère Louveau, — la femme de tête, — quand elle saura que son homme a vendu le bois du premier coup, et que l'affaire est bonne?

Encore un ou deux marchés comme celui-là, et on pourra se payer un bateau neuf, planter là la *Belle-Nivernaise* qui commence à faire par trop d'eau.

Ce n'est pas un reproche, car c'était un fier bateau dans sa jeunesse; seulement voilà, tout pourrit, tout vieillit, et le père Louveau, lui-même, sent bien qu'il n'est plus aussi ingambe que dans le temps où il était « petit derrière » sur les flotteurs de la Marne.

Mais qu'est-ce qui se passe là-bas?

Les commères s'assemblent devant une porte; on s'arrête, on cause et le gardien de la paix, debout au milieu du groupe, écrit sur son calepin.

Le marinier traverse la chaussée par curiosité, pour faire comme tout le monde.

— Qu'est-ce qu'il y a?

Quelque chien écrasé, quelque voiture accrochée, un

vrogne tombé dans le ruisseau, rien d'intéressant...

Non! c'est un petit enfant assis sur une chaise de bois, les cheveux ébouriffés, les joues pleines de confiture, qui se frotte les yeux avec les poings.

Il pleure.

Les larmes en coulant ont tracé des dessins bizarres sur sa pauvre mine mal débarbouillée.

Imperturbable et digne comme s'il interrogeait un prévenu, l'agent questionne le marmot et prend des notes.

— Comment t'appelles-tu?
— Totor.
— Victor quoi?

Pas de réponse.

Le mioche pleure plus fort et crie :

— Maman ! maman !

Alors une femme qui passait, une femme du peuple,

très laide, très sale, traînant deux enfants après elle, sortit du groupe et dit au gardien :

— Laissez-moi faire.

Elle s'agenouilla, moucha le petit, lui essuya les yeux, embrassa ses joues poissées.

— Comment s'appelle ta maman, mon chéri ?

Il ne savait pas.

Le sergent de ville s'adressa aux voisins :

— Voyons, vous, le concierge, vous devez connaître ces gens-là?

On n'avait jamais su leur nom.

Il passait tant de locataires dans la maison!

Tout ce qu'on pouvait dire, c'est qu'ils habitaient là

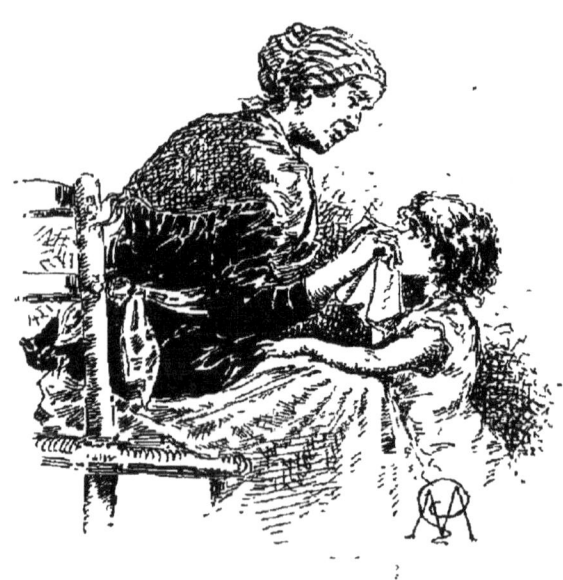

depuis un mois; qu'ils n'avaient jamais payé un sou; que le propriétaire venait de les chasser, et que c'était un fameux débarras.

— Qu'est-ce qu'ils faisaient?

— Rien du tout.

Le père et la mère passaient leur journée à boire et leur soirée à se battre.

Ils ne s'entendaient que pour rosser leurs enfants, deux garçons qui mendiaient dans la rue et volaient aux étalages.

Une jolie famille, comme vous voyez.

— Croyez-vous qu'ils viendront chercher leur enfant?
— Sûrement non.

Ils avaient profité du déménagement pour le perdre.

Ce n'était pas la première fois que cette chose-là arrivait, les jours du terme.

Alors l'agent demanda :
— Personne n'a donc vu les parents s'en aller ?

Ils étaient partis depuis le matin, le mari poussant la charrette, la femme un paquet dans son tablier, les deux garçons les mains dans leurs poches.

Et maintenant, rattrape-les.

Les passants se récriaient indignés, puis continuaient leur chemin.

Il était là depuis midi, le malheureux mioche !

Sa mère l'avait assis sur une chaise et lui avait dit :

— Sois sage.

Depuis, il attendait.

Comme il criait la faim, la fruitière d'en face lui avait donné une tartine de confiture.

Mais la tartine était finie depuis longtemps, et le marmot avait recommencé à pleurer.

Il mourait de peur, le pauvre innocent! Peur des chiens qui rôdaient autour de lui; peur de la nuit qui venait; peur des inconnus qui lui parlaient, et son petit cœur battait à grands coups dans sa poitrine, comme celui d'un oiseau qui va mourir.

Autour de lui le rassemblement grandissait, et l'agent ennuyé l'avait pris par la main pour le conduire au poste.

— Voyons, personne ne le réclame?

— Un instant !

Tout le monde se retourna.

Et l'on vit une bonne grosse figure rougeaude qui

souriait bêtement jusqu'aux oreilles chargées d'anneaux en cuivre.

— Un instant! si personne n'en veut, je le prends, moi.

Et comme la foule poussait des exclamations :
— A la bonne heure !
— C'est bien, ce que vous faites là.
— Vous êtes un brave homme.
Le père Louveau, très allumé par le vin blanc, le

LA. SELON L'USAGE, ON LUI FIT SUBIR UN INTERROGATOIRE

succès de son marché et l'approbation générale, se posa les bras croisés au milieu du cercle.

— Eh bien! quoi? C'est tout simple.

Puis les curieux l'accompagnèrent chez le commissaire de police, sans laisser refroidir son enthousiasme.

Là, selon l'usage en pareil cas, on lui fit subir un interrogatoire.

— Votre nom?

— François Louveau, monsieur le commissaire, un homme marié, et bien marié, j'ose le dire, avec une femme de tête. Et c'est une chance pour moi, monsieur le commissaire, parce que je ne suis pas très fort, pas très fort, hé! hé! voyez-vous. Je ne suis pas un aigle.

« François n'est pas un aigle », comme dit ma femme.

Il n'avait jamais été si éloquent.

Il se sentait la langue déliée, l'assurance d'un homme qui vient de faire un bon marché et qui a bu une bouteille de vin blanc.

— Votre profession?

— Marinier, monsieur le commissaire, patron de la *Belle-Nivernaise*, un rude bateau, monté par un équipage un peu chouette. Ah! ah! fameux, mon équipage!... Demandez plutôt aux éclusiers depuis le pont Marie jusqu'à Clamecy... Connaissez-vous ça, Clamecy, monsieur le commissaire? »

Les gens souriaient autour de lui, le père Louveau continua, bredouillant, avalant les syllabes.

— Un joli endroit, Clamecy, allez! Boisé du haut en bas; du beau bois, du bois ouvrable; tous les menuisiers savent ça... C'est là que j'achète mes coupes. Hé! hé! je suis renommé pour mes coupes. J'ai le coup d'œil, quoi! Ce n'est pas que je sois fort; — bien sûr je ne suis pas un aigle, comme dit ma femme; — mais enfin, j'ai le coup d'œil... Ainsi, tenez, je prends un arbre, gros comme vous, — sauf votre respect, monsieur le commissaire, — je l'entoure avec une corde, comme ça... »

Il avait empoigné l'agent, et il l'entortillait avec une ficelle qu'il venait de tirer de sa poche.

L'agent se débattait.

— Laissez-moi donc tranquille.

— Mais si... Mais si... C'est pour faire voir à monsieur le commissaire... Je l'entortille comme ça, et puis, quand j'ai la mesure, je multiplie... je multiplie... Je ne

me rappelle plus par quoi je multiplie... C'est ma femme qui sait le calcul. Une forte tête, ma femme. »

La galerie s'amusait énormément, et M. le commissaire lui-même daignait sourire derrière sa table.

Quand la gaieté fut un peu calmée, il demanda :

— Que ferez-vous de cet enfant-là ?

— Pas un rentier, pour sûr. Il n'y a jamais eu de rentier dans la famille. Mais un marinier, un brave garçon de marinier, comme les autres.

— Vous avez des enfants ?

— Si j'en ai ! Une qui marche, une qui tette et un qui vient. Pas trop mal, n'est-ce pas pour un homme qui

n'est pas un aigle ? Avec celui-là ça fera quatre ; mais bah ! quand il y en a pour trois, il y en a pour quatre. On se tasse un peu. On serre sa ceinture, et on tâche de vendre son bois plus cher. »

Et ses boucles d'oreilles remuaient, secouées par son gros rire, tandis qu'il promenait un regard satisfait sur les assistants.

On poussa devant lui un gros livre.

Comme il ne savait pas écrire, il fit une croix, au bas de la page.

Puis le commissaire lui remit l'enfant trouvé.

— Emmenez le petit, François Louveau, et élevez-le

bien. Si j'apprends quelque chose à son sujet, je vous tiendrai au courant. Mais il n'est pas probable que ses parents le réclament jamais. Quant à vous, vous m'avez l'air d'un brave homme, et j'ai confiance en vous. Obéissez toujours à votre femme. Et au revoir! Ne buvez pas trop de vin blanc. »

La nuit noire, le brouillard froid, la presse indifférente des gens qui se hâtent de rentrer chez eux, tout cela est fait pour dégriser vivement un pauvre homme.

A peine dans la rue, seul avec son papier timbré en

poche et son protégé par la main, le marinier sentit tout d'un coup tomber son enthousiasme ; et l'énormité de son action lui apparut.

Il serait donc toujours le même ?

Un niais ? Un glorieux ?

Il ne pouvait point passer son chemin comme les autres, sans se mêler de ce qui ne le regardait pas?

Il voyait d'ici la colère de la mère Louveau!

Quel accueil, bonnes gens, quel accueil!

C'est terrible une femme de tête pour un pauvre homme qui a le cœur sur la main.

Jamais il n'oserait rentrer chez lui.

Il n'osait pas non plus retourner chez le commissaire.

Que faire? Que faire?

Ils cheminaient dans le brouillard.

Louveau gesticulait, parlait seul, préparait un discours.

Victor traînait ses souliers dans la crotte.

Il se faisait tirer comme un boulet.

Il n'en pouvait plus.

Alors le père Louveau s'arrêta, le prit à son cou, l'enveloppa dans sa vareuse.

L'étreinte des petits bras serrés lui rendit un peu de courage.

Il reprit son chemin.

Ma foi, tant pis ! Il risquerait le paquet.

Si la mère Louveau les mettait à la porte, il serait temps de reporter le marmot à la police ; mais peut-être bien qu'elle le garderait pour une nuit, et ce serait toujours un bon dîner de gagné.

Ils arrivaient au pont d'Austerlitz, où la *Belle-Nivernaise* était amarrée.

... IL AVANÇAIT A PAS CRAINTIFS, GÊNÉ PAR L'ENFANT QUI LUI ÉTRANGLAIT LE COU

L'odeur fade et douce des chargements de bois frais emplissait la nuit.

Toute une flottille de bateaux grouillait dans l'ombre de la rivière.

Le mouvement du flot faisait vaciller les lanternes et grincer les chaînes entre-croisées.

Pour rejoindre son bateau, le père Louveau avait à traverser deux chalands reliés par des passerelles.

Il avançait à pas craintifs, les jambes flageolantes, gêné par l'enfant qui lui étranglait le cou.

Comme la nuit était noire !

Seule une petite lampe étoilait la vitre de la cabine, et une raie lumineuse, qui filtrait sous la porte, animait le sommeil de la *Belle-Nivernaise*.

On entendait la voix de la mère Louveau qui grondait les enfants en surveillant sa cuisine.

— Veux-tu finir, Clara !

Il n'était plus temps de reculer.

Le marinier poussa la porte.

La mère Louveau lui tournait le dos, penchée sur le poêlon, mais elle avait reconnu son pas et dit sans se déranger :

— C'est toi, François ? Comme tu rentres tard !

Les pommes de terre sautaient dans la friture crépitante et la vapeur qui s'envolait de la marmite vers la porte ouverte troublait les vitres de la cabine.

François avait posé le marmot par terre, et le pauvre mignon, saisi par la tiédeur de la chambre, sentait se déraidir ses petits poings rougis.

Il sourit et dit d'une voix un peu flûtée :

— Fait chaud...

La mère Louveau se retourna.

Et montrant à son homme l'enfant déguenillé debout au milieu de la chambre, elle cria d'un ton courroucé :

— Qu'est-ce que c'est que ça ?

Non ! Il y a de ces minutes, dans les meilleurs ménages.

— Une surprise, hé ! hé ! une surprise !

Le marinier riait jusqu'aux oreilles pour se donner une contenance ; mais il aurait bien voulu être encore dans la rue.

Et, comme sa femme, attendant une explication, le regardait d'un air terrible, il bégaya l'histoire tout de travers, avec des yeux suppliants de chien qu'on menace.

Ses parents l'avaient abandonné. Il l'avait trouvé pleurant sur le trottoir.

On avait demandé :

— Qu'est-ce qui en veut ?

Il avait répondu :

— Moi !

Et le commissaire lui avait dit :

— Emportez-le.

— Pas vrai, petit ?

Alors la mère Louveau éclata :

— Tu es fou, ou tu as trop bu ! A-t-on jamais entendu parler d'une bêtise pareille ?

Tu veux donc nous faire mourir dans la misère ?

Tu trouves que nous sommes trop riches ?

Que nous avons trop de pain à manger? Trop de place pour coucher?

François considérait ses souliers sans répondre.

— Mais, malheureux, regarde-toi, regarde-nous !

Ton bateau est percé comme mon écumoire !

Et il faut encore que tu t'amuses à ramasser les enfants des autres dans les ruisseaux !

Il s'était déjà dit tout cela, le pauvre homme.

Il ne songeait pas à protester.

Il baissait la tête comme un condamné qui entend le réquisitoire.

— Tu vas me faire le plaisir de reporter cet enfant-là au commissaire de police.

S'il fait des façons pour le reprendre, tu lui diras que ta femme n'en veut pas.

Est-ce compris ? »

Elle marchait sur lui, son poêlon à la main, avec un geste menaçant.

Le marinier promit tout ce qu'elle voulut.

— Voyons, ne te fâche pas.

J'avais cru bien faire.

Je me suis trompé.

Ça suffit.

Faut-il le ramener tout de suite ? »

La soumission du bonhomme adoucit la mère Louveau. Peut-être aussi eut-elle la vision d'un de ses enfants à elle, perdu tout seul dans la nuit, la main tendue vers les passants.

Elle se détourna pour mettre son poêlon sur le feu et dit d'un ton bourru :

— Ce n'est pas possible ce soir, le bureau est fermé.

Et maintenant que tu l'as pris, tu ne peux pas le reporter sur le trottoir.

On le gardera cette nuit ; mais demain matin...

Et la mère Louveau était si en colère qu'elle tisonnait le feu à tour de bras...

— Mais demain matin, je te jure bien que tu m'en débarrasseras !

Il y eut un silence.

La ménagère mettait le couvert brutalement, heurtant les verres, jetant les fourchettes.

Clara, effrayée, se tenait coite dans un coin.

Le bébé grognait sur le lit, et l'enfant trouvé regardait avec admiration rougir la braise.

Lui qui n'avait peut-être jamais vu de feu, depuis qu'il était né!

Ce fut bien une autre joie, quand il se trouva à table,

une serviette au cou, un monceau de pommes de terre dans son assiette.

Il avalait comme un rouge-gorge à qui l'on émiette du pain un jour de neige.

La mère Louveau le servait rageusement, au fond un brin touchée par cet appétit d'enfant maigre.

La petite Clara, ravie, le flattait avec sa cuillère.

Louveau, consterné, n'osait plus lever les yeux.

La table desservie, ses enfants couchés, la mère Louveau s'assit près du feu, le petit entre les genoux, pour lui faire un peu de toilette.

— On ne peut pas le coucher, sale comme il est. Je parie qu'il n'a jamais vu ni l'éponge ni le peigne.

L'enfant tournait comme une toupie entre ses mains.

Vraiment, une fois lavé et démêlé, il n'avait pas trop laide mine, le pauvre petit gosse, avec son nez rose de caniche et ses mains rondes comme des pommes d'api.

La mère Louveau considérait son œuvre avec une nuance de satisfaction.

— Quel âge peut-il avoir?

François posa sa pipe, enchanté de rentrer en scène.

C'était la première fois qu'on lui parlait de la soirée, et une question valait presque un retour en grâce.

Il se leva, tira ses ficelles de sa poche.

— Quel âge, hé! hé! On va te dire ça.

Il prit le marmot à bras le corps.

Il l'entortilla de ses cordes comme les arbres de Clamecy.

La mère Louveau le regardait avec stupéfaction.

— Qu'est-ce que tu fais donc?

— Je prends la mesure, bédame!

Elle lui arracha la corde des mains, et la jeta à l'autre bout de la chambre.

— Mon pauvre homme, que tu es bête avec tes manies!

Un enfant n'est pas un baliveau. »

Pas de chance ce soir, le malheureux François !

Il bat en retraite, tout penaud, tandis que la mère Louveau couche le petit dans le dodo de Clara.

La fillette sommeille les poings fermés, tenant toute la place.

Elle sent vaguement que l'on glisse quelque chose à côté d'elle, étend les bras, refoule son voisin dans un coin, lui fourre les coudes dans les yeux, se retourne et se rendort.

Maintenant on a soufflé la lampe.

La Seine, qui clapote autour du bateau, balance tout doucement la maison de planches.

Le petit enfant perdu sent une douce chaleur l'envahir, et il s'endort avec la sensation inconnue de quelque chose comme une main caressante qui a passé sur sa tête, lorsque ses yeux se fermaient.

CHAPITRE II

LA BELLE-NIVERNAISE

M{^{lle}} Clara se réveillait toujours de bonne heure.

Elle fut tout étonnée, ce matin-là, de ne pas voir sa mère dans la cabine et de trouver cette autre tête à côté d'elle sur l'oreiller.

Elle se frotta les yeux avec ses petits poings, prit son camarade de nuit par les cheveux et le secoua.

Le pauvre Totor se réveilla au milieu des supplices les plus bizarres, tourmenté par des doigts malins qui lui chatouillaient le cou et l'empoignaient par le nez.

Il promena autour de lui des yeux surpris, et fut tout étonné de voir que son rêve durait toujours.

Au-dessus d'eux, des pas craquaient.

On débarquait des planches sur le quai, avec un bruit sourd.

Mlle Clara semblait fort intriguée.

Elle éleva le petit doigt en l'air et montra le plafond à son ami avec un geste qui voulait dire :

— Qu'est-ce que c'est que ça?

C'était la livraison qui commençait. Dubac, le menuisier de La Villette, était arrivé à six heures, avec son cheval et sa charrette, et le père Louveau s'était bien vite mis à la besogne, d'un entrain qu'on ne lui connaissait pas.

Il n'avait pas fermé l'œil de la nuit, le brave homme,

à la pensée qu'il faudrait reporter au commissaire cet enfant qui avait si froid et si faim.

Il s'attendait à une nouvelle scène au réveil; mais la

mère Louveau avait d'autres idées en tête, car elle ne lui parla pas de Victor.

François croyait gagner beaucoup en reculant l'heure de l'explication.

Il ne songeait qu'à se faire oublier, qu'à échapper à l'œil de sa femme, travaillant de tout son cœur, de peur que la mère Louveau, le voyant oisif, ne lui criât :

— Dis donc, toi, puisque tu ne fais rien, reconduis le petit où tu l'as pris.

Et il travaillait.
Les tas de planches diminuaient à vue d'œil.

Dubac avait déjà fait trois voyages, et la mère Louveau, debout sur la passerelle, son nourrisson dans les bras, avait tout juste le temps de compter les livraisons au passage.

Dans sa bonne volonté, François choisissait des madriers longs comme des mâts, épais comme des murs.

Quand la solive était trop lourde, il appelait l'Équipage à son secours, pour charger.

L'Équipage, c'était un matelot à jambe de bois qui composait à lui tout seul le personnel de la *Belle-Nivernaise*.

On l'avait recueilli par charité et gardé par habitude.

L'invalide s'arc-boutait sur sa quille, ou soulevait la poutre avec de grands efforts, et Louveau, ployant sous le faix, la ceinture tendue sur les reins, descendait lentement le pont volant.

Le moyen de déranger un homme si occupé?

La mère Louveau n'y pensait pas.

Elle allait et venait sur la passerelle, absorbée par Mimile qui tétait.

Toujours altéré, ce Mimile!

Comme son père.

Altéré, lui, Louveau!... pas aujourd'hui, bien sûr.

Depuis le matin qu'on travaille, il n'a pas encore été question de vin blanc. On n'a pas seulement pris le temps de souffler, de s'éponger le front, de trinquer sur le coin d'un comptoir.

Même, tout à l'heure, quand Dubac a proposé d'aller

boire un verre, François a répondu héroïquement :

— Plus tard, nous avons le temps.

Refuser un verre !

La ménagère n'y comprend plus rien, on lui a changé son Louveau.

On a changé Clara aussi, car voilà onze heures son-

nées, et la petite, qui ne veut jamais rester au lit, n'a pas bougé de la matinée.

Et la mère Louveau descend quatre à quatre dans la cabine pour voir ce qui se passe.

François reste sur le pont, les bras ballants, suffoqué comme s'il venait de recevoir une solive dans l'estomac.

Cette fois, ça y est !

Sa femme s'est souvenue de Victor ; elle va le remonter avec elle, et il faudra se mettre en route pour le bureau du commissaire...

Mais non; la mère Louveau reparaît toute seule, elle rit, elle l'appelle d'un signe.

— Viens donc voir, c'est trop drôle !

Le bonhomme ne comprend rien à cette gaieté subite, et il la suit comme un automate, les jambes roides de son émotion.

Les deux marmots étaient assis au bord du lit, en chemise, les pieds nus.

Ils s'étaient emparés du bol de soupe que la mère, en se levant, avait laissé à la portée des petits bras.

N'ayant qu'une cuillère pour deux bouches, ils s'empâtaient à tour de rôle, comme des oisillons dans un nid, et Clara, qui faisait toujours des façons pour manger sa soupe, tendait son bec à la cuillère, en riant.

On s'était bien mis un peu de pain dans les yeux et dans les oreilles, mais l'on n'avait rien cassé, rien renversé, et les deux bébés s'amusaient de si bon cœur, qu'il n'y avait pas moyen de rester fâché.

La mère Louveau riait toujours.

— Puisqu'ils s'entendent si bien que cela, nous n'avons pas besoin de nous occuper d'eux.

François retourna vite à sa besogne, enchanté de la tournure que prenaient les choses.

D'ordinaire, les jours de livraison, il se reposait dans la journée, c'est-à-dire qu'il roulait tous les

cabarets de mariniers, du Point-du-Jour au quai de Bercy.

Aussi le déchargement traînait pendant une grande semaine, et la mère Louveau ne décolérait pas.

Mais, cette fois, pas de vin blanc, pas de paresse, une rage de bien faire, un travail fiévreux et soutenu.

De son côté, comme s'il eût compris qu'il fallait gagner sa cause, le petit faisait bien tout ce qu'il pouvait pour amuser Clara.

Pour la première fois de sa vie, la fillette passa la

journée sans pleurer, sans se cogner, sans trouer ses bas.

Son camarade l'amusait, la mouchait.

Il était toujours disposé à faire le sacrifice de sa chevelure pour arrêter les larmes de Clara, au bord des cils.

Et elle tirait à pleines mains dans la tignasse embrouillée, taquinant son grand ami comme un roquet qui mordille un caniche.

La mère Louveau voyait tout cela de loin.

Elle se disait que cette petite bonne d'enfant était tout de même commode.

On pouvait bien garder Victor jusqu'à la fin de la livraison. Il serait temps de le rendre après, au moment de partir.

C'est pourquoi, le soir, elle ne fit pas d'allusion au renvoi du petit, le gorgea de pommes de terre, et le coucha comme la veille.

On aurait dit que le protégé de François faisait partie de la famille, et, à voir Clara le serrer par le cou en s'endormant, on devinait que la fillette l'avait pris sous sa protection.

Le déchargement de la *Belle-Nivernaise* dura trois jours.

Trois jours de travail forcené, sans une distraction, sans un écart.

Sur le midi, la dernière charrette fut chargée, le bateau vidé.

On ne pouvait prendre le remorqueur que le lendemain, et François passa toute la journée caché dans l'entrepont, radoubant le bordage, poursuivi par cette

phrase qui, depuis trois jours, lui bourdonnait aux oreilles :

— Reporte-le chez le commissaire.

Ah! ce commissaire!

Il n'était pas moins redouté dans la cabine de la *Belle-Nivernaise* que dans la maison de Guignol.

Il était devenu une espèce de croquemitaine dont la mère Louveau abusait pour faire taire Clara.

Toutes les fois qu'elle prononçait ce nom redouté, le

petit attachait sur elle ses yeux inquiets d'enfant qui a trop tôt souffert.

Il comprenait vaguement tout ce que ce mot contenait de périls à venir.

Le commissaire ! Cela voulait dire : Plus de Clara, plus de caresses, plus de feu, plus de pommes de terre. Mais le retour à la vie noire, aux jours sans pain, aux sommeils sans lit, aux réveils sans baisers.

Aussi, comme il se cramponna aux jupes de la mère Louveau la veille du départ, quand François demanda d'une voix tremblante :

— Voyons, le reportons-nous, oui ou non ?

La mère Louveau ne répondit pas.

On aurait dit qu'elle cherchait une excuse pour garder Victor.

Quant à Clara, elle se roulait sur le parquet, suffoquée de larmes, décidée à avoir des convulsions si on la séparait de son ami.

La femme de tête parla gravement.

— Mon pauvre homme, tu as fait une bêtise,— comme toujours.

Maintenant il faut la payer.

Cet enfant-là s'est attaché à nous, Clara s'est toquée de lui, et ça peinerait tout le monde de le voir partir.

Je vais essayer de le garder, mais je veux que chacun y mette du sien.

AUSSI, COMME IL SE CRAMPONNA AUX JUPES DE LA MÈRE LOUVEAU LA VEILLE DU DÉPART

la première fois que Clara aura ses nerfs ou que tu te
seras, je le reporterai chez le commissaire. »

Le père Louveau rayonnait.

C'était dit. Il ne boirait plus.

Il riait jusqu'à ses boucles d'oreilles et chantait sur le
[pon]t, en roulant son câble, tandis que le remorqueur
[t]raînait la *Belle-Nivernaise* avec toute une flotille de
[bat]eaux.

CHAPITRE III

EN ROUTE

Victor était en route.

En route pour la campagne de banlieue, mirant dans l'eau ses maisonnettes et ses potagers.

En route pour le pays blanc des collines crayeuses.

En route le long des chemins de halage sonores et dallés.

En route pour la montagnette, pour le canal de l'Yonne endormi dans son lit d'écluses.

En route pour les verdures d'hiver et les bois du Morvan !

Adossé à la barre de son bateau, et entêté dans sa volonté de ne pas boire, François faisait la sourde oreille

aux invitations des éclusiers et des marchands de vins étonnés de le voir passer au large.

Il fallait se cramponner à la barre pour empêcher la *Belle-Nivernaise* d'accoster les cabarets.

Depuis le temps que le vieux bateau faisait le même voyage, il connaissait les stations, et s'arrêtait tout seul, comme un cheval d'omnibus.

A l'avant, juché sur une seule patte, l'Équipage manœuvrait mélancoliquement une gaffe immense, re-

poussait les herbes, arrondissait les tournants, accrochait les écluses.

Il ne faisait pas grande besogne, bien qu'on entendît

jour et nuit sur le pont le clabaudement de sa jambe de bois.

Résigné et muet, il était de ceux pour qui tout a mal tourné dans la vie.

Un camarade l'avait éborgné à l'école, une hache l'avait estropié à la scierie, une cuve l'avait ébouillanté à la raffinerie.

Il aurait fait un mendiant, mourant de faim au bord d'un fossé, si Louveau, — qui avait toujours eu du coup

d'œil, — ne l'eût embauché à la sortie de l'hôpital pour l'aider à la manœuvre.

Ç'avait même été l'occasion d'une fière querelle, autrefois, — exactement comme pour Victor.

La femme de tête s'était fâchée.

Louveau avait baissé le nez.

Et l'Équipage avait fini par rester.

A présent il faisait partie de la ménagerie de la *Belle-Nivernaise,* au même titre que le chat et le corbeau.

Le père Louveau gouverna si droit, et l'Équipage manœuvra si juste, que, douze jours après son départ de Paris, la *Belle-Nivernaise*, ayant remonté le fleuve et les canaux, vint s'amarrer au pont de Corbigny pour dormir en paix son sommeil d'hiver.

De décembre à la fin de février les mariniers ne naviguent pas.

Ils radoubent leurs bateaux et parcourent les forêts pour acheter sur pied les coupes de printemps.

Comme le bois n'est pas cher, on brûle beau feu dans les cabines, et, si la vente d'automne a bien réussi, ce temps de chômage est un repos joyeux.

On disposa la *Belle-Nivernaise* pour l'hivernage, c'est-à-dire que l'on décrocha le gouvernail, que l'on cacha le mât de fortune dans l'entrepont et que toute la place resta libre pour jouer et pour courir sur le tillac.

Quel changement de vie pour l'enfant trouvé!

Pendant tout le voyage il était demeuré abasourdi, effarouché.

On aurait dit un oiseau élevé en cage que la liberté étonne, et qui oublie du coup sa roulade et ses ailes.

Trop jeune pour être charmé du paysage déroulé sous ses yeux, il avait subi pourtant la majesté de cette montée de fleuve entre deux horizons fuyants.

La mère Louveau, qui le voyait sauvage et taciturne, répétait du matin au soir :

— Il est sourd-muet !

Non, il n'était pas muet, le Petit Parisien du faubourg du Temple !

Quand il eut bien compris qu'il ne rêvait pas, qu'il ne retournerait plus dans sa mansarde, et que, malgré les menaces de la mère Louveau, on n'avait plus grand chose à craindre du commissaire, sa langue se délia.

Ce fut l'épanouissement d'une fleur de cave, que l'on porterait sur une croisée.

Il cessa de se blottir dans les coins avec une sauvagerie de furet traqué.

Ses yeux enfoncés sous son front bombé perdirent leur mobilité inquiète, et, bien qu'il restât pâlot et de mine réfléchie, il apprit à rire avec Clara.

La fillette aimait passionnément son camarade, comme on s'aime à cet âge-là, pour le plaisir de se quereller et de se raccommoder.

Bien qu'elle fût têtue comme une petite bourrique, elle avait un cœur très tendre, et il suffisait de parler du commissaire pour la faire obéir.

On était à peine arrivé à Corbigny qu'une nouvelle sœur vint au monde.

Mimile avait tout juste dix-huit mois, et cela fit bien des berceaux dans la cabine, bien de la besogne aussi ; car, avec toutes les charges qu'on avait, il n'était pas possible de payer une servante.

La mère Louveau bougonnait à faire trembler la jambe de bois de l'Équipage.

Personne ne la plaignait dans le pays. Même, les paysans ne se gênèrent pas pour dire leur façon de penser à M. le curé, qui proposait le marinier pour exemple.

— Tout ce que vous voudrez, monsieur le curé, ça n'a pas de bon sens, quand on a déjà trois enfants à soi, d'aller ramasser ceux des autres.

Mais les Louveau ont toujours été comme cela.

C'est la gloriole qui les tient, et tous les conseils qu'on leur donnera ne les changeront pas. »

On ne leur souhaitait pas de mal, mais on n'aurait pas été fâché qu'ils reçussent une leçon.

M. le curé était un brave homme sans malice, qui devenait aisément de l'avis des autres, et finissait toujours par se rappeler un passage de l'Écriture ou des Pères pour se rassurer lui-même sur ses revirements.

— Mes paroissiens ont raison, » se disait-il en passant la main sous son menton mal rasé.

Il ne faut pas tenter la divine Providence. »

Mais comme, à tout prendre, les Louveau étaient de braves gens, il leur fit, à l'ordinaire, sa visite pastorale.

Il trouva la mère taillant des culottes pour Victor dans une vieille vareuse, car le mioche était arrivé sans bagage et la ménagère ne pouvait souffrir des loques autour d'elle.

Elle donna un banc à M. le curé, et comme il lui parlait de Victor, insinuant que, peut-être, avec la protec-

tion de Monseigneur, on pourrait le faire entrer à l'orphelinat d'Autun, la mère Louveau, qui avait son franc parler avec tout le monde, répondit brusquement :

— Que le petit soit une charge pour nous autres, ça c'est sûr, monsieur le curé; m'est avis que, en me l'apportant, François a prouvé une fois de plus qu'il n'était pas un aigle.

Je n'ai pas le cœur plus dur que le père; si j'avais rencontré Victor, ça m'aurait fait de la peine, pourtant je l'aurais laissé où il était.

Mais, maintenant qu'on l'a pris, ce n'est pas pour s'en

défaire, et, si, un jour nous nous trouvons dans l'embarras à cause de lui, nous n'irons pas demander la charité à personne. »

A ce moment, Victor entra dans la cabine, portant Mimile à son cou.

Le marmot, furieux d'avoir été sevré, se vengeait en refusant de poser le pied à terre.

Il faisait ses dents et mordait tout le monde.

Ému de ce spectacle, M. le curé étendit la main sur la tête de l'enfant trouvé, et dit solennellement :

— Dieu bénit les grandes familles. »

Et il s'en alla, enchanté d'avoir trouvé dans ses souvenirs une sentence si appropriée à la situation.

Elle n'avait pas menti, la mère Louveau, en disant que Victor était maintenant de la famille.

Tout en bougonnant, tout en parlant sans cesse de reporter le petit chez le commissaire, la femme de tête

s'était attachée au pauvre pâlot qui ne quittait pas ses jupes.

Quand Louveau trouvait qu'on en faisait trop, elle répondait invariablement :

— Il ne fallait pas le prendre.

Dès qu'il eut sept ans, elle l'envoya à l'école avec Clara.

C'était toujours Victor qui portait le panier et les livres.

Il se battait vaillamment pour défendre le goûter contre l'appétit sans scrupules des jeunes Morvandiaux.

Il n'avait pas moins de courage au travail qu'à la bataille, et, bien qu'il ne suivît l'école qu'en hiver, quand on ne naviguait pas, il en savait plus, à son re-

tour, que les petits paysans, lourds et bruyants comme leurs sabots, qui bâillaient douze mois de suite sur l'abécédaire.

Victor et Clara revenaient de l'école par la forêt.

Les deux enfants s'amusaient à regarder les bûcherons saper les arbres.

Comme Victor était léger et adroit, on le faisait grimper à la cime des sapins pour attacher la corde qui sert à les abattre. Il paraissait plus petit à mesure qu'il montait, et quand il arrivait en haut, Clara avait très peur.

Lui, brave, se balançait tout exprès pour la taquiner.

D'autres fois, ils allaient voir M. Maugendre à son chantier.

Le charpentier était un homme maigre et sec comme une douve.

Il vivait seul, en dehors du village, en pleine forêt.

On ne lui connaissait pas d'amis.

La curiosité villageoise avait été longtemps intriguée par la solitude et le silence de cet inconnu qui était venu, du fond de la Nièvre, monter un chantier à l'écart des autres.

Depuis six ans, il travaillait par tous les temps, sans jamais chômer, comme un homme à la peine, bien qu'il passât pour avoir beaucoup de « denrée », fît de gros

marchés, et allât souvent consulter le notaire de Corbigny sur le placement de ses économies.

Un jour il avait dit à M. le curé qu'il était veuf.

On n'en savait pas plus.

Quand Maugendre voyait arriver les enfants, il posait sa scie, et laissait là sa besogne pour causer avec eux.

Il s'était pris d'affection pour Victor. Il lui enseignait à tailler des coques de bateau dans des éclats de bois.

Une fois, il lui dit :

— Tu me rappelles un enfant que j'ai perdu.

Et, comme s'il eût craint d'en avoir trop conté, il ajouta :

— Oh ! il y a longtemps, bien longtemps.

Un autre jour il dit au père Louveau :

— Quand tu ne voudras plus de Victor, donne-le-moi. Je n'ai pas d'héritiers, je ferai des sacrifices, je l'enverrai à la ville, au collège. Il passera des examens, il entrera à l'école forestière. »

Mais François était encore dans le feu de sa belle action. Il refusa, et Maugendre attendit patiemment que l'accroissement progressif de la famille Louveau, ou quelque embarras d'argent, dégoûtât le marinier des adoptions.

Le hasard parut vouloir exaucer ses vœux.

En effet, on eût pu croire que le guignon s'était embarqué sur la *Belle-Nivernaise* en même temps que Victor.

Depuis ce moment-là, tout allait de travers.

Le bois se vendait mal.

L'Équipage se cassait toujours quelque membre la veille des livraisons.

Enfin, un beau jour, au moment de partir pour Paris, la mère Louveau tomba malade.

Au milieu des hurlements des marmots, François perdait la tête.

Il confondait la soupe et les tisanes.

Il impatientait si fort la malade par ses sottises, qu'il renonça à la soigner, et laissa faire Victor.

Pour la première fois de sa vie, le marinier acheta son bois.

Il avait beau entortiller les arbres avec ses ficelles, prendre trente-six fois de suite la même mesure, il se trompait toujours dans le calcul, — vous savez le fameux calcul :

Je multiplie, je multiplie...

C'était la mère Louveau qui savait ça !

Il exécuta la commande tout de travers, se mit en

route pour Paris avec une grosse inquiétude, tomba sur un acheteur malhonnête, qui profita de la circonstance pour le rouler.

Il revint au bateau le cœur bien gros, s'assit au pied du lit, et dit d'une voix désolée :

— Ma pauvre femme, tâche de te guérir ou nous sommes perdus.

La mère Louveau se remit lentement. Elle se débattit contre la mauvaise chance, fit l'impossible pour joindre les deux bouts.

S'ils avaient eu de quoi acheter un bateau neuf, ils auraient pu relever leur commerce ; mais on avait dépensé toutes les économies pendant les jours de maladie, et les bénéfices passaient à boucher les trous de la *Belle-Nivernaise*, qui n'en pouvait plus.

Victor devint une lourde charge pour eux.

Ce n'était plus l'enfant de quatre ans que l'on habillait dans une vareuse et que l'on nourrissait par-dessus le marché.

Il avait douze ans, maintenant ; il mangeait comme un homme, bien qu'il fût resté maigrichon, tout en nerfs, et qu'on ne pût encore songer à lui faire manœuvrer la gaffe, — quand l'Équipage se cassait quelque chose.

Et tout allait de mal en pis. On avait eu grand'peine, au dernier voyage, à remonter la Seine jusqu'à Clamecy.

La *Belle-Nivernaise* faisait eau de toutes parts ; les raccords ne suffisaient plus, il aurait fallu radouber toute la coque, ou plutôt mettre la barque au rancart et la remplacer.

Un soir de mars, c'était la veille de l'appareillage pour Paris, comme Louveau tout soucieux prenait congé de Maugendre, après avoir réglé son compte de bois, le charpentier lui offrit de venir boire bouteille dans sa maison.

— J'ai à te causer, François.

Ils entrèrent dans la cabane.

Maugendre remplit deux verres et ils s'attablèrent en face l'un de l'autre.

— Je n'ai pas toujours été isolé comme tu vois, Louveau.

Je me rappelle d'un temps où j'avais tout ce qu'il faut

pour être heureux : un peu de bien et une femme qui m'aimait

J'ai tout perdu.

Par ma faute. »

Et le charpentier s'interrompit; l'aveu qu'il avait dans la gorge l'étranglait.

— Je n'ai jamais été un méchant homme, François. Mais j'avais un vice...

— Toi ?

— Je l'ai encore.

J'aime la « denrée » par-dessus tout.

C'est ce qui a causé mes malheurs.

— Comment ça, mon pauvre Maugendre ?

— Je vais te le dire.

Sitôt mariés, quand nous avons eu notre enfant, l'idée m'est venue d'envoyer ma femme à Paris, chercher une place de nourrice.

Ça rapporte gros, quand le mari a de l'ordre, et qu'il sait conduire sa maison tout seul.

Ma femme ne voulait pas se séparer de son moutard. Elle me disait :

— Mais, mon homme, nous gagnons assez d'argent comme ça !

Le reste serait de l'argent maudit.

Il ne nous profiterait pas.

Laisse ces ressources-là aux pauvres ménages déjà chargés d'enfants, et épargne-moi le chagrin de vous quitter.

Je n'ai rien voulu écouter, Louveau, et je l'ai forcée à partir.

— Eh bien ?

— Eh bien, quand ma femme a eu trouvé une place, elle a donné son enfant à une vieille pour le ramener au pays.

Elle les a accompagnés au chemin de fer.

Depuis, on n'en a plus jamais entendu parler.

— Et ta femme, mon pauvre Maugendre ?

— Quand on lui a appris la nouvelle, ça a fait tourner son lait.

Elle est morte.

Ils se turent tous deux, Louveau ému de ce qu'il ᴠenait d'entendre, Maugendre accablé par ses souvenirs.

Ce fut le charpentier qui parla le premier :

— Pour me punir, je me suis condamné à l'existence ᴜe je mène.

J'ai vécu douze ans à l'écart de tous.

Je n'en peux plus. J'ai peur de mourir seul.

Si tu as pitié de moi, tu me donneras Victor, pour ᴜe remplacer l'enfant que j'ai perdu. »

Louveau était très embarrassé.

Victor leur coûtait cher.

Mais si l'on se séparait de lui au moment où il allait

pouvoir se rendre utile, tous les sacrifices qu'on s'était imposés pour l'élever seraient perdus.

Maugendre devina sa pensée :

— Il va sans dire, François, que si tu me le donnes, je te dédommagerai de tes frais.

Ça serait aussi une bonne affaire pour le petit. Je ne peux jamais voir les élèves forestiers dans les bois, sans

me dire : J'aurais pu faire de mon garçon un monsieur comme ces messieurs-là.

Victor est laborieux et il me plaît. Tu sais bien que je le traiterai comme mon fils.

Voyons, est-ce dit ? »

On en causa le soir, les enfants couchés dans la cabine de la *Belle-Nivernaise*.

La femme de tête essaya de raisonner.

— Vois-tu, François, nous avons fait pour cet enfant-là tout ce que nous avons pu.

Dieu sait qu'on désirait le garder !

Mais puisqu'il s'offre une occasion de nous séparer de lui, sans le rendre malheureux, il faut tâcher d'avoir du courage. »

Et, malgré eux, leurs yeux se tournèrent vers le lit, où Victor et Mimile dormaient d'un sommeil d'enfants, calme et abandonné.

— Pauvre petit ! dit François d'une voix douce.

Ils entendaient la rivière clapoter le long du bordage, et, de temps en temps, le sifflet du chemin de fer déchirant la nuit.

La mère Louveau éclata en sanglots :

— Dieu aie pitié de nous ! François, je le garde !

CHAPITRE IV

LA VIE EST RUDE

Victor touchait à ses quinze ans.

Il avait poussé tout d'un coup, le petit pâlot, devenant un fort gars aux épaules larges, aux gestes tranquilles.

Depuis le temps qu'il naviguait sur la *Belle-Nivernaise,* il commençait à connaître son chemin comme un vieux marinier, nommant les bas-fonds, flairant les hauteurs d'eau, passant des manœuvres de la perche à celles du gouvernail.

Il portait la ceinture rouge et la vareuse bouffante autour des reins.

Quand le père Louveau lui abandonnait la barre, Clara, qui se faisait grande fille, venait tricoter à côté de lui, éprise de sa figure calme et de ses mouvements robustes.

Cette fois-là, la route de Corbigny à Paris avait été rude.

Grossie par les pluies d'automne, la Seine avait fait tomber les barrages, et se ruait vers la mer comme une bête échappée.

Les mariniers inquiets hâtaient leurs livraisons, car le fleuve roulait déjà au ras des quais, et les dépêches, envoyées d'heure en heure par les postes d'éclusiers, annonçaient de mauvaises nouvelles.

On disait que les affluents rompaient leurs digues, inondaient la campagne, et la crue montait, montait.

Les quais étaient envahis par une foule affairée, grouillement d'hommes, de charrettes et de chevaux; au-dessus les grues à vapeur manœuvraient leur grand bras.

La Halle aux vins était déjà déblayée.

Des camions emportaient des caisses de sucre.

Les toueurs quittaient leurs cabines; les quais se vidaient; et la file des charrois, gravissant la pente des rampes, fuyait la crue comme une armée en marche.

Retardés par la brutalité des eaux et les relâches des nuits sans lune, les Louveau désespéraient de livrer leur bois à temps.

Tout le monde avait mis la main à la besogne, et l'on travaillait fort tard dans la soirée, à la lueur des becs de gaz du quai et des lanternes.

A onze heures, toute la cargaison était empilée au pied de la rampe.

Comme la charrette de Dubac, le menuisier, ne reparaissait pas, on se coucha.

Ce fut une terrible nuit, pleine de grincements de chaînes, de craquements de bordages, de chocs de bateaux.

La *Belle-Nivernaise,* disloquée par les secousses, poussait des gémissements comme un patient à la torture.

Pas moyen de fermer l'œil.

Le père Louveau, sa femme, Victor et l'Équipage se levèrent à l'aube, laissant les enfants dans leur lit.

La Seine avait encore monté dans la nuit.

Houleuse et vaguée comme une mer, elle coulait verte sous le ciel bas.

Sur les quais, pas un mouvement de vie.

Sur l'eau pas une barque.

Mais des débris de toits et de clôtures charriés au fil du courant.

Au delà des ponts, la silhouette de Notre-Dame, estompée dans le brouillard.

Il ne fallait pas perdre une seconde, car le fleuve avait déjà franchi les parapets du bas port, et les vaguettes, léchant le bout des planches, avaient fait écrouler les piles de bois.

A mi-jambes dans l'eau, François, la mère Louveau et Dubac chargeaient la charrette.

Tout d'un coup, un grand bruit, à côté deux, les effraya.

Un chaland, chargé de pierres meulières, brisant sa chaîne, vint couler bas contre le quai, fendu de l'étrave à l'étambot.

Il y eut un horrible déchirement suivi d'un remous.

Et, comme ils restaient immobiles, terrifiés par ce naufrage, ils entendirent une clameur derrière eux.

Déchaînée par la secousse, la *Belle-Nivernaise* se détachait du bord.

La mère Louveau poussa un cri :

— Mes enfants !

Victor s'était déjà précipité dans la cabine.

Il reparut sur le pont le petit dans les bras.

Clara et Mimile le suivaient, et tous tendaient les mains vers le quai.

— Prenez-les !

— Un canot !

— Une corde !

Que faire ?

Pas moyen de les passer tous à la nage.

Et l'Équipage qui courait d'un bordage à l'autre, inutile, affolé !

Il fallait accoster à tout prix.

En face de cet homme égaré et de ces petits sanglotants, Victor improvisé capitaine se sentit l'énergie qu'il fallait pour les sauver.

QUAND LE PÈRE LOUVEAU LUI ABANDONNAIT LA BARRE, CLARA VENAIT TRICOTER AUPRÈS DE LUI

Il commandait :

— Allons ! Jette une amarre !

Dépêche-toi !

Attrape ! »

Ils recommencèrent par trois fois.

Mais la *Belle-Nivernaise* était déjà trop loin du quai, le câble tomba dans l'eau.

Alors Victor courut au gouvernail, et on l'entendit qui criait :

— Ayez pas peur ! Je m'en charge !

En effet, d'un vigoureux coup de barre, il redressa l'embarcation, qui s'en allait, prise de flanc, à la dérive.

Sur le quai, Louveau perdait la tête.

Il voulait se jeter à l'eau pour rejoindre ses enfants ; mais Dubac l'avait saisi à bras le corps, pendant que la mère Louveau se couvrait la figure avec les mains pour ne pas voir.

Maintenant la *Belle-Nivernaise* tenait le courant, et filait avec la vitesse d'un remorqueur sur le pont d'Austerlitz.

Tranquillement adossé à la barre, Victor gouvernait, encourageait les petits, donnait des ordres à l'Équipage.

Il était sûr d'être dans la bonne passe, car il avait manœuvré droit sur le drapeau rouge, pendu au milieu de la maîtresse-arche pour indiquer la route aux mariniers.

Mais aurait-on la hauteur de passer, mon Dieu !

Il voyait le pont se rapprocher très vite.

— A ta gaffe, l'Équipage ! Toi, Clara, ne lâche pas les enfants.

Il se cramponnait au gouvernail.

Il sentait déjà le vent de l'arche dans ses cheveux.

On y était.

Emporté par son élan, la *Belle-Nivernaise* disparut sous la travée, avec un bruit épouvantable, mais non

pas si vite, que la foule, amassée sur le pont d'Austerlitz, n'aperçut le matelot à la jambe de bois manquer

son coup de gaffe, et tomber à plat-ventre, tandis que l'enfant criait du gouvernail.

— Un grappin ! un grappin !

La *Belle-Nivernaise* était sous le pont.

Dans l'ombre de l'arche, Victor distinguait nettement les énormes anneaux scellés dans l'assise des piles, les joints de la voûte au-dessus de sa tête, et, dans la perspective, l'enfilade des autres ponts encadrant des pans de ciel.

Puis ce fut comme un élargissement d'horizon, un éblouissement de plein air au sortir d'une cave, un bruit de hourras au-dessus de sa tête, et la vision de la cathédrale, ancrée sur le fleuve comme une frégate.

Le bateau s'arrêta net.

Des pontiers avaient réussi à lancer un croc dans le bordage.

Victor courut à l'amarre et enroula solidement le câble autour de la courbe.

PUIS CE FUT UN ÉLARGISSEMENT D'HORIZON, UN BRUIT DE HOURRAS AU-DESSUS DE SA TÊTE

On vit la *Belle-Nivernaise* virer de bord, pivoter sur l'amarre et, cédant à l'impulsion nouvelle qui la halait, accoster lentement le quai de la Tournelle, avec son équipage de marmots et son capitaine de quinze ans.

Oh! quelle joie, le soir, de se compter tous autour du

fricot fumant, dans la cabine du bateau — cette fois bien ancré, bien amarré.

Le petit héros à la place d'honneur, — la place du capitaine.

On n'avait pas beaucoup d'appétit, après la rude émotion du matin, mais les cœurs étaient dilatés, comme à la suite des angoisses.

On respirait largement.

On clignait de l'œil au travers de la table pour se dire :

— Hein ! tout de même, si nous l'avions reporté chez le commissaire ? »

Et le père Louveau riait jusqu'aux oreilles, promenant un regard mouillé sur sa couvée.

On aurait dit qu'il leur était arrivé une bonne fortune, que la *Belle-Nivernaise* n'avait plus un trou dans les côtes, qu'ils avaient gagné le gros lot à la loterie.

Le marinier assommait Victor de coups de poings.

Une façon à lui de témoigner sa tendresse !

— Mâtin de Victor !
Quel coup de barre !
As-tu vu ça, l'Équipage ?
Je n'aurais pas mieux fait, hé ! hé ! Moi, le patron.
Le bonhomme en eut pour quinze jours à pousser des

exclamations, à courir les quais pour raconter le coup de barre.

— Vous comprenez :
Le bateau drossait.
Alors lui...
Vlan ! »
Et il faisait un geste pour indiquer la manœuvre.
Pendant ce temps, la Seine baissait, et le moment approchait de repartir.
Un matin, comme Victor et Louveau pompaient sur le tillac, le facteur apporta une lettre.
Il y avait un cachet bleu derrière.

Le marinier ouvrit la lettre d'une main un peu tremblante, et, comme il n'était pas beaucoup plus fort sur la lecture que sur le calcul, il dit à Victor :

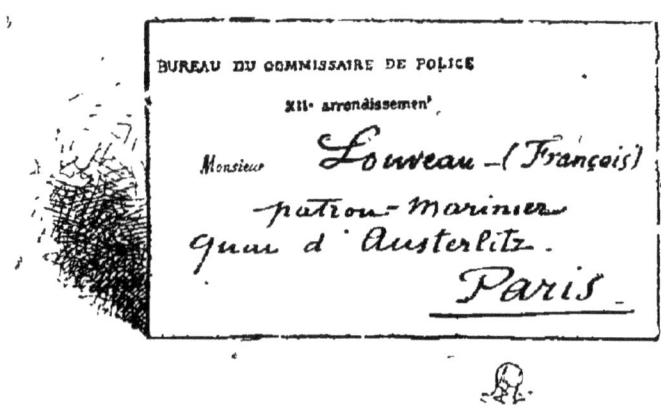

— Épelle-moi ça, toi.
Et Victor lut :

BUREAU DU COMMISSAIRE DE POLICE
XIIe ARRONDISSEMENT

Monsieur Louveau (François), patron-marinier, est invité à passer dans le plus bref délai au cabinet du Commissaire de police.

— C'est tout ?
— C'est tout.
— Qu'est-ce qu'il peut me vouloir ?
Louveau s'absenta toute la journée.
Quand il rentra, le soir, toute sa gaieté avait disparu...
Il était sombre, hargneux, taciturne.

La mère Louveau n'y comprenait rien, et, comme les petits étaient montés sur le pont pour jouer, elle lui demanda :

— Qu'est-ce qui se passe ?
— J'ai des ennuis.
— A cause de ta livraison ?
— Non, à propos de Victor.

Et il conta sa visite au commissaire.
— Tu sais, cette femme qui l'a abandonné ? Ce n'était pas sa mère.
— Ah ! bah !
— Elle l'avait volé.
— Comment le sait-on ?
— C'est elle-même qui l'a avoué au commissaire avant de mourir.

— Mais alors on t'a dit le nom de ses parents ?
Louveau tressaillit.
— Pourquoi veux-tu qu'on me l'ait dit ?
— Dame ! puisqu'on t'a fait demander.
François se fâcha.
— Si je le savais, je te le dirais peut-être !

Il était tout rouge de colère, et il sortit en claquant la porte.

La mère Louveau resta interdite.

— Qu'est-ce qu'il a donc ?

Oui, qu'est-ce qu'il avait donc, François ?

A partir de ce jour, ses façons, ses paroles, son caractère, tout fut changé en lui.

Il ne mangeait plus, il dormait mal, il parlait la nuit.

Il répondait à sa femme !

Il querellait l'Équipage, rudoyait tout le monde, et Victor plus que les autres.

Quand la mère Louveau, étonnée, lui demandait ce qu'il avait, il répondait brutalement :

— Je n'ai rien.

Est-ce que j'ai l'air d'avoir quelque chose ?

Vous êtes tous conjurés contre moi. »

La pauvre femme y perdait sa peine :

— Il devient fou, ma parole !

Elle le crut tout à fait toqué, lorsque, un beau soir, il leur fit une scène épouvantable à propos de Maugendre.

On était au bout du voyage et l'on allait arriver à Clamecy.

Victor et Clara causaient de l'école, et le garçon ayant dit qu'il aurait du plaisir à revoir Maugendre, le père Louveau s'emporta :

— Laisse-moi tranquille avec ton Maugendre.

Je ne veux plus avoir affaire à lui. »

La mère intervint :

Qu'est-ce qu'il t'a fait ?

— Il m'a fait… Il m'a fait… Ça ne te regarde pas.

Je suis le maître, peut-être ! »

Hélas ! Il était si bien le maître maintenant, que, au lieu de relâcher à Corbigny, comme à l'habitude, il remonta deux lieues plus haut, en pleine forêt.

Il déclara que Maugendre ne songeait qu'à le rouler dans tous les marchés, et qu'il ferait de meilleures affaires avec un autre vendeur.

On était trop loin du village pour songer à aller en classe.

Victor et Clara couraient les bois toute la journée pour faire du fagot.

Quand ils étaient las de porter leur charge, ils la dépo-

saient au dos d'un fossé, s'asseyaient par terre au milieu des fleurs.

Victor tirait un livre de sa poche et faisait lire Clara.

Ils aimaient à voir le soleil, filtrant au travers des branches, jeter des lumières tremblantes sur leur page et sur leurs cheveux. Autour d'eux le bourdonnement des milliers de petites bêtes, au loin, le calme des bois.

QUAND ILS ÉTAIENT LAS DE PORTER LEUR CHARGE, ILS LA DÉPOSAIENT ET S'ASSEYAIENT PAR TERRE

Quand on s'était attardé, il fallait revenir bien vite, tout du long de la grande avenue, barrée par l'ombre des troncs.

Au bout, on apercevait dans une éclaircie le mât de la

Belle-Nivernaise, et la lueur d'un feu dans le brouillard léger qui montait de la rivière.

C'était la mère Louveau qui cuisinait, en plein vent au bord de l'eau, sur un feu de bourrée.

Près d'elle, Mimile ébouriffé comme un plumeau, sa chemise crevant les culottes, surveillait amoureusement la marmite.

La petite sœur se roulait par terre.

L'Équipage et Louveau fumaient leurs pipes.

Un soir, à l'heure de la soupe, ils virent quelqu'un sortir du bois et venir à eux.

— Tiens, Maugendre !

C'était le charpentier.

Bien vieilli, bien blanchi.

Il avait un bâton à la main, et semblait oppressé en parlant.

Il vint à Louveau et lui tendit la main.

— Eh bien ! Tu m'a donc quitté, François !

Le marinier bredouilla une réponse embarrassée.

— Oh ! je ne t'en veux pas.

Il avait l'air si las que la mère Louveau en fut touchée.

Sans prendre garde à la mauvaise humeur de son mari, elle lui offrit un banc pour s'asseoir.

— Vous n'êtes pas malade, au moins, M. Maugendre.

— J'ai pris un mauvais froid. »

Il parlait lentement, presque bas.

La peine l'avait adouci.

Il conta qu'il allait quitter le pays pour aller vivre au fond de la Nièvre.

— C'est fini; je ne ferai plus le commerce.

Je suis riche maintenant; j'ai de l'argent, beaucoup d'argent.

Mais à quoi bon?

Je ne peux pas racheter le bonheur que j'ai perdu. »

François écoutait, les sourcils froncés.

Maugendre continua :

— Plus je vieillis, plus je souffre d'être seul.

Autrefois, j'oubliais encore en travaillant; mais, à présent, je n'ai plus le cœur à la besogne.

Je n'ai plus le goût à rien.

Aussi je vais me dépatrier, ça me distraira peut-être. »

Et, comme malgré lui, ses yeux se tournaient vers les enfants.

A ce moment Victor et Clara débouchèrent de l'avenue avec leur charge de ramée.

En apercevant Maugendre, ils jetèrent leurs fagots et coururent à lui.

Il les accueillit amicalement comme toujours, et dit à Louveau qui restait sombre :

« Tu es heureux, toi, tu as quatre enfants. Moi, je n'en ai plus. »

Et il soupira.

« Je n'ai rien à dire, c'est de ma faute. »

Il s'était levé.

Tout le monde l'imita.

« Adieu, Victor. Travaille bien et aime tes parents, tu le dois. »

Il lui avait posé la main sur l'épaule, il le regardait longuement :

« Dire que si j'avais un enfant, il serait comme lui. »

En face, Louveau, la bouche colère, avait un air de dire :

« Mais va-t-en donc ! »

Pourtant au moment où le charpentier s'en allait, François eut un élan de pitié et l'appela :

« Maugendre, tu ne manges pas la soupe avec nous ? »

C'était dit comme malgré soi, d'un ton brusque qui décourageait d'accepter.

Le vieux secoua la tête :

« Merci, je n'ai pas faim.

Le bonheur des autres, vois-tu, ça fait mal quand on est bien triste. »

Et il s'éloigna, courbé sur sa canne.

Louveau ne prononça pas une parole de la soirée.

Il passa la nuit à marcher sur le pont et, le matin, sortit sans rien dire à personne.

Il se rendit au presbytère.

La maison du curé était voisine de l'église.

C'était une grande bâtisse carrée, avec une cour pardevant et un potager derrière.

Des poules picoraient sur le seuil.

Une vache à l'attache beuglait dans l'herbage.

Louveau se sentait le cœur allégé par sa résolution.

En ouvrant la barrière, il se dit avec un soupir de

satisfaction qu'il serait débarrassé de son souci quand il sortirait.

Il trouva M. le curé assis au frais dans sa salle à manger.

Le prêtre avait fini son repas et sommeillait légèrement, la tête inclinée sur son bréviaire.

Réveillé par l'entrée de Louveau, il marqua la page,

et, ayant fermé le livre, fit asseoir le marinier qui tournait sa casquette entre ses doigts.

— Voyons, François, que me voulez-vous?

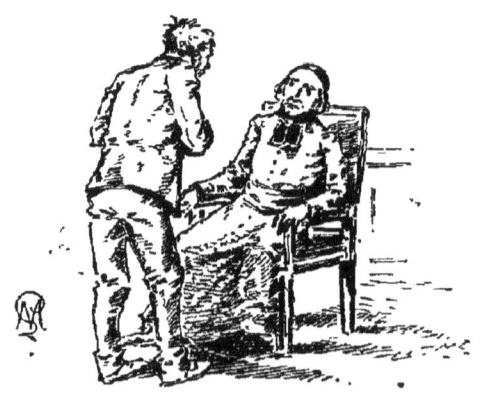

Il voulait un conseil, et il demanda la permission de conter tout du long son histoire.

— Parce que, vous savez, monsieur le curé, je ne suis

pas bien fort. Je ne suis pas un aigle, hé! hé! comme dit ma femme.

Et mis à l'aise par ce préambule, il narra son affaire, très essoufflé, très rouge, en considérant obstinément la visière de sa casquette.

— Vous vous souvenez, monsieur le curé, que Maugendre vous a dit qu'il était veuf?

Il y a quinze ans de ça; sa femme était venue à Paris pour faire une nourriture.

Elle avait montré son enfant au médecin comme c'est l'usage, elle lui avait donné à téter une dernière goutte, et puis elle l'avait confié à une meneuse.

Le prêtre l'interrompit:

— Qu'est-ce que c'est qu'une meneuse, François?

« LE PRÊTRE AVAIT FINI SON REPAS ET SOMMEILLAIT LÉGÈREMENT »

— C'est une femme, monsieur le curé, que l'on charge de reconduire au pays les enfants des nourrices.

Elle les emporte à la hotte, dans un panier, comme de pauvres petits chats.

— Drôle de métier !

— Il y a des honnêtes gens pour le faire, monsieur le curé.

Mais la mère Maugendre était tombée sur une femme qu'on ne connaissait pas, une sorcière qui volait les enfants et les louait à d'autres fainéantes, pour les trimbaler dans la rue et faire pitié au monde.

— Qu'est-ce que vous me contez-là, François ?

— La vérité toute pure, monsieur le curé.

Cette coquine de femme-là a enlevé un tas d'enfants, et le mioche de Maugendre avec les autres.

Elle l'a gardé jusqu'à quatre ans.

Elle voulait lui apprendre à mendier ; mais c'était le fils d'un brave homme, il refusait de tendre la main.

Alors, elle l'a abandonné dans la rue, et puis, deviens ce que tu peux !

Mais voilà que, il y a six mois, à l'hôpital, au moment de mourir, un remords l'a prise.

Je sais ce que c'est, monsieur le curé, ça fait diablement souffrir... »

Et il leva les yeux au plafond, comme pour jurer qu'il ne mentait pas, le pauvre homme.

— Alors, elle a demandé le commissaire.

Elle lui a dit le nom de l'enfant.

Le commissaire me l'a répété.

C'est Victor.

M. le curé laissa tomber son bréviaire.

— Victor est le fils de Maugendre?

— C'est sûr. »

L'ecclésiastique n'en revenait pas.

Il balbutiait une phrase où l'on distinguait les mots de... pauvre enfant... doigt de Dieu...

Il se leva, marcha dans la chambre, s'approcha de la fenêtre, se versa un verre d'eau, et finit par s'arrêter en face de Louveau, les mains enfoncées dans sa ceinture.

Il cherchait une sentence qui s'appliquât à l'évé-

nement, et, comme il n'en trouvait pas, il dit simplement :

— Eh bien! mais il faut le rendre à son père.

Louveau tressaillit.

— Voilà justement mon ennui, monsieur le curé.

Depuis six mois que je sais ça, je n'ai eu le courage de rien dire à personne, pas même à ma femme.

Nous nous sommes donné tant de mal pour élever cet enfant-là ; nous avons eu tant de misère ensemble, que, aujourd'hui, je ne sais plus comment je ferais pour m'en séparer. »

Tout ça, c'était vrai, et si Maugendre semblait à plaindre, on pouvait bien aussi avoir pitié du pauvre François.

Pris entre ces attendrissements contradictoires, M. le

curé suait à grosses gouttes, appelait mentalement les lumières d'en haut.

Et, oubliant que Louveau était venu lui demander un avis, il articula d'une voix étouffée :

— Voyons, François, mettez-vous à ma place, que conseilleriez-vous ? »

Le marinier baissa la tête.

— Je vois bien qu'il faudra rendre Victor, monsieur le curé.

J'ai senti ça l'autre jour, quand Maugendre est venu nous surprendre.

Il m'a fendu le cœur à le voir si vieux, si triste et si cassé.

J'étais honteux comme si j'avais eu de l'argent à lui, de l'argent volé, dans ma poche.

Je ne pouvais plus porter mon secret tout seul, je suis venu vous le dire.

— Et vous avez bien fait, Louveau, dit M. le curé, enchanté de voir le marinier lui fournir une solution.

Il n'est jamais trop tard pour réparer une faute.

Je vais vous accompagner chez Maugendre.

Vous lui avouerez tout.

— Demain, monsieur le curé !

— Non, François, tout de suite.

Et, voyant la douleur du bonhomme, le tortillement convulsif de sa casquette, il implora d'une voix faible :

— Je vous en prie, Louveau, pendant que nous sommes décidés tous les deux !

CHAPITRE V

LES AMBITIONS DE MAUGENDRE

Un fils!

Maugendre a un fils!

Il le couve des yeux, assis en face de lui, sur la banquette du wagon, qui les emporte en bourdonnant sur Nevers.

C'est un véritable enlèvement.

Le vieux a emporté son fils presque sans dire merci, comme un manant qui a gagné le gros lot, et se sauve avec.

Il n'a pas voulu laisser son enfant ouvert à toutes les affections anciennes.

Il a l'avarice de la tendresse, comme il a eu celle de l'or.

Pas d'emprunt! pas de partage!

Mais son trésor à lui tout seul, sans yeux autour pour le guigner.

Les oreilles de Maugendre bourdonnent comme l'express.

Sa tête est chauffée comme la locomotive.

Et son rêve roule plus vite que toutes les locomotives et que tous les express, franchissant d'un élan les jours, les mois, les années.

Ce qu'il rêve, c'est un Victor de vingt ans, boutonné d'argent, habillé de vert sombre.

Un élève de l'école forestière !

On dirait même que l'élève Maugendre a l'épée au côté et le bicorne sur l'oreille, — comme un polytechnicien; — car toutes les écoles et tous les uniformes sont un peu mêlés dans le rêve de Maugendre.

Et qu'importe !

Les galons et les dorures ne coûtent pas au charpentier.

On a de la « denrée » pour payer tout ça... et Victor sera un « monsieur » chamarré des pieds à la tête.

Les hommes lui parleront chapeau bas.
Les belles dames en seront folles.

Et, dans un coin, il y aura un vieux aux mains calleuses qui dira en se rengorgeant :

— Voilà mon fils.

— Allons, mon fils !

Il songe aussi, « mon fils », son petit béret sur les yeux, — en attendant le bicorne doré.

Il ne voudrait pas que son père le vit pleurer.
Ç'a été si brusque, la séparation!
Clara lui a donné un baiser qui lui brûle encore la joue.

Le père Louveau s'est détourné.
La mère Louveau était toute pâle.

Et Mimile lui a apporté son écuelle de soupe, pour le consoler.
Tous! jusqu'à Mimile!
Oh! comment vivront-ils sans lui?

Comment vivra-t-il sans eux?

Et le futur élève de l'école forestière est si troublé qu'il répond :

— Oui, monsieur Maugendre. »

Toutes les fois que son père lui parle.

Et il n'est pas au bout de ses tribulations, le petit marinier de la *Belle-Nivernaise*.

Cela ne coûte pas seulement de l'argent de devenir un « monsieur », mais bien des sacrifices et des tristesses.

Victor en a le sentiment, tandis que le train rapide passe en sifflant, sur les ponts, au-dessus du faubourg de Nevers.

Il lui semble qu'il les a déjà vues quelque part, dans un passé éloigné et douloureux, ces rues étroites, ces fenêtres étranglées, comme des soupiraux de prison d'où pendent des loques effilochées.

Maintenant ils ont le pavé sous les pieds. Autour

d'eux circule et bourdonne la cohue des débarcadères, presse de curieux, bousculade de gens chargés de colis,

roulement des fiacres et des lourds omnibus du chemin de fer, que des voyageurs chargés de couvertures, serrées dans des courroies, prennent bruyamment d'assaut.

Victor et son père sortent en voiture des grilles de la gare.

Le charpentier ne lâche pas son idée.

Il lui faut une transformation subite.

Et il conduit « son fils » tout droit chez le tailleur du collège.

La boutique est neuve, les comptoirs luisants, des

messieurs bien mis, qui ressemblent à ceux que l'on voit dans les gravures coloriées, appendues aux murailles, ouvrent la porte aux clients avec un petit sourire protecteur.

Ils mettent sous les yeux du père Maugendre la prime des *Modes illustrées,* où un collégien fume en compagnie d'une amazone, d'un gentleman en complet de chasse, et d'une mariée vêtue de satin blanc.

Justement, le tailleur a sous la main la *tunique type*

rembourrée devant et derrière, à basques carrées, à boutons d'or.

Il l'étale sous les yeux du charpentier, qui s'écrie rayonnant d'orgueil :

— Tu auras l'air d'un militaire là-dedans !

Un monsieur en bras de chemise, qui porte un centi-

mètre autour du cou, s'approche de l'élève Maugendre.

Il lui mesure le tour des cuisses, la taille et la colonne vertébrale.

Cette opération rappelle au petit marinier des souvenirs qui lui noient les yeux de larmes ! Les tics du pauvre père Louveau, les colères de la femme de tête, tout ce qu'il a laissé derrière lui.

C'est bien fini, maintenant.

Le jeune homme correct que Victor aperçoit en pantalon d'uniforme, dans la grande glace d'essayage, n'a plus rien de commun avec le « petit-derrière » de la *Belle-Nivernaise*.

Le tailleur pousse dédaigneusement du bout du pied, sous l'établi, la vareuse humiliée, comme un paquet de loques.

Victor sent que c'est tout son passé qu'on lui a fait quitter là.

Qu'est-ce à dire quitter?

« IL LUI MESURA LA TAILLE »

Voici qu'on lui défend même de se souvenir!

— Il faut rompre avec les vices de votre éducation pre-

mière, dit sévèrement M. le principal, qui ne dissimule pas sa méfiance.

Et, pour faciliter cette régénération, on décide que

l'élève Maugendre ne sortira du collège que tous les premiers dimanches des mois.

Oh! comme il pleure, le premier soir, au fond du dortoir triste et froid, tandis que les autres écoliers ronflent dans leurs lits de fer, et que le pion dévore un roman, en cachette, à la lueur d'une veilleuse!

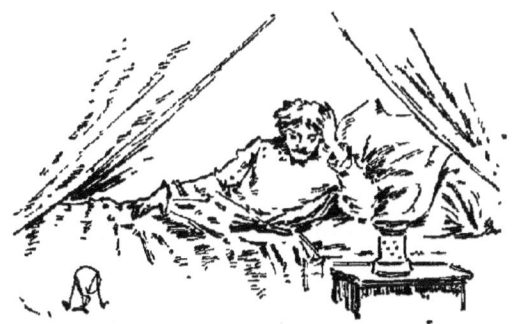

Comme il souffre pendant l'heure maudite des récréations, tandis que les camarades le bousculent et le houspillent!

Comme il est triste en étude, le nez dans son pupitre, tremblant aux colères du pion qui tape à tour de bras

sur la chaire en répétant toujours la même phrase :
— Un peu de silence, messieurs !

Cette voix criarde remue toute la lie des mauvais souvenirs, empoisonne sa vie.

Elle lui rappelle les jours noirs de la première enfance, le taudis du faubourg du Temple, les coups, les querelles, tout ce qu'il avait oublié.

Et il se raccroche désespérément aux images de Clara,

de la *Belle-Nivernaise,* comme à une éclaircie de soleil, dans le sombre de sa vie.

Et c'est sans doute pour cela que le pion trouve avec

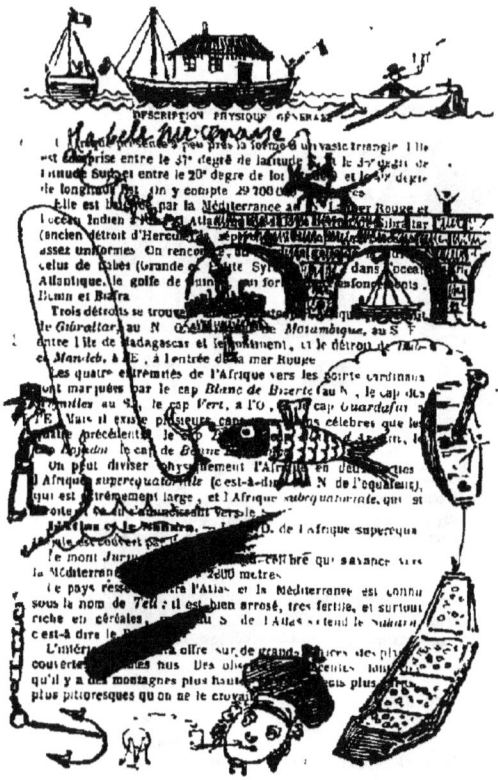

stupéfaction des dessins de bateaux à toutes les pages des livres de l'élève Maugendre.

Toujours la même chaloupe reproduite à tous les feuillets avec une obstination d'obsédé.

Tantôt, elle gravit lentement, resserrée comme dans un canal, l'échelle étroite des marges.

Tantôt, elle vient s'échouer en plein théorème, éclaboussant les figures intercalées et les corollaires en petit texte.

Tantôt, elle navigue à pleines voiles sur les océans des planisphères.

C'est là qu'elle se carre à l'aise, qu'elle déploie ses voiles, qu'elle fait flotter son drapeau.

M. le principal, lassé des rapports circonstanciés qu'on lui adresse à ce sujet, finit par en parler à M. Maugendre le père.

Le charpentier n'en revient pas.
— Un garçon si doux !

— Il est têtu comme un âne.
— Si intelligent !

— On ne peut rien lui apprendre.

Et personne ne veut comprendre que l'élève Maugendre a appris à lire en plein bois, par-dessus l'épaule de Clara, et que ce n'est pas la même chose que d'étudier la géométrie, sous la férule d'un pion hirsute.

Voilà pourquoi l'élève Maugendre dégringole de l'étude des « moyens » dans l'étude des « petits ».

C'est qu'il y a une singulière différence entre les leçons du magister de Corbigny et celles de MM. les professeurs du collège de Nevers.

Toute la distance qui sépare un enseignement en bonnet de peau de lapin, d'un enseignement en toque d'hermine.

Le père Maugendre se désespère.

Il lui semble que le forestier en bicorne s'éloigne à grandes enjambées.

Il gronde, il supplie, il promet.

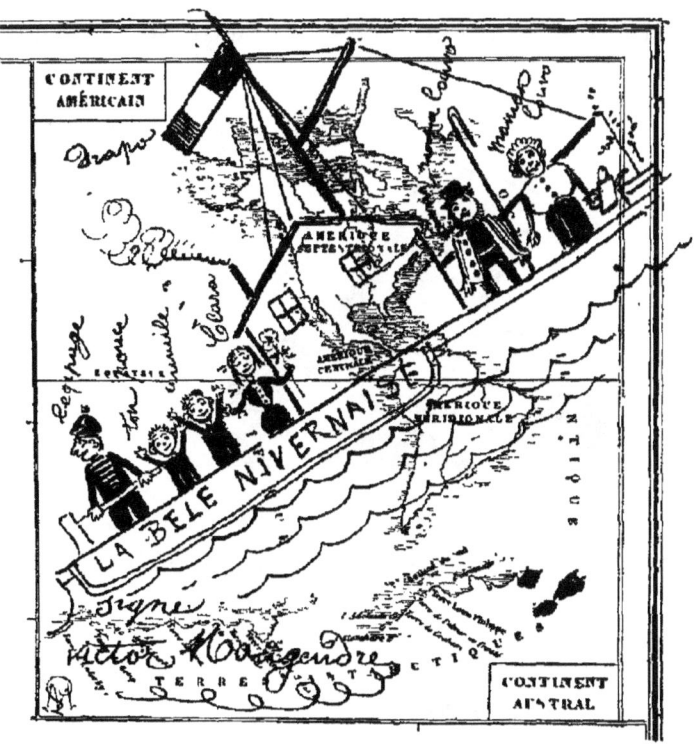

— Veux-tu des leçons?

Veux-tu des maitres?

Je te donnerai les meilleurs.

Les plus chers! »

En attendant, l'élève Maugendre devient un cancre,

et les « bulletins trimestriels » constatent impitoyablement sa « turpitude ».

Lui-même, il a le sentiment de sa sottise.

Il s'enfonce tous les jours davantage dans l'ombre et dans la tristesse.

Si Clara et les autres pouvaient voir ce qu'on a fait de leur Victor!

Comme ils viendraient ouvrir toutes grandes les portes de sa prison!

Comme ils lui offriraient de bon cœur de partager avec lui leur dernier morceau de pain, leur dernier bout de planche!

Car ils sont malheureux, eux aussi, les autres.

Les affaires vont de mal en pis.

Le bateau est de plus en plus vieux..

Victor sait cela par les lettres de Clara, qui lui arrivent de temps en temps marquées d'un « vu » au crayon rouge, énorme, furieux, griffonné par M. le principal, qui déteste ces « correspondances interlopes ».

— Ah! Quand tu étais là, disent les épîtres de Clara toujours aussi tendres, mais de plus en plus affligées... Ah! si tu étais avec nous ».

Ne dirait-on pas, vraiment, que tout allait bien dans

ce temps-là, et que tout serait sauvé si Victor revenait?

Eh bien, Victor sauvera tout.

Il achètera un bateau neuf.

Il consolera Clara.

Il relèvera le commerce.

Il montrera qu'on n'a pas aimé un ingrat et recueilli un inutile.

Mais pour cela il faut devenir un homme.

Il faut gagner de l'argent.

Il faut être savant.

Et Victor rouvre les livres à la bonne page.

A présent, les flèches peuvent voler, le pion peut frapper à tour de bras sur la chaire en lançant sa phrase de perroquet :

— Messieurs, un peu de silence !

Victor ne lève plus le nez.

Il ne dessine plus de bateaux.

Il méprise les boulettes qui s'aplatissent sur sa figure.

Il bûche... il bûche...

— Une lettre pour l'élève Maugendre.

C'est une bénédiction que ce souvenir de Clara qui vient le surprendre en pleine étude, pour l'encourager et lui apporter un parfum de liberté et de tendresse.

Victor se cache la tête dans son pupitre pour baiser l'adresse zigzagante, péniblement tracée, tremblée, comme si un perpétuel tangage de bateau balançait la table sur laquelle Clara écrit.

Hélas! ce n'est pas le tangage, c'est l'émotion qui a fait trembler la main de Clara.

— « C'est fini, mon cher Victor, la *Belle-Nivernaise* ne naviguera plus.

Elle est bien morte, et, en mourant, elle nous ruine. On a suspendu un écriteau noir à l'arrière :

BOIS A VENDRE

provenant de démolitions.

Des gens sont venus, qui ont tout estimé, tout numé-

VICTOR NE LÈVE PLUS LE NEZ. — IL BUCHE... IL BUCHE

roté, depuis la gaffe de l'Équipage jusqu'au berceau où dormait la petite sœur. Il paraît que l'on va tout vendre, et nous n'avons plus rien.

Qu'allons-nous devenir?

Maman est capable d'en mourir de chagrin, et papa est si changé... »

Victor n'acheva pas la lettre.

Les mots dansaient devant ses yeux; il avait comme

un coup de feu sur la face, un bourdonnement dans les oreilles.

Ah! il était bien loin de l'étude, maintenant.

Épuisé par le travail, le chagrin et la fièvre, il délirait.

Il croyait s'en aller à la dérive, en pleine Seine, sur le beau fleuve frais.

Il voulait tremper son front dans la rivière.

Puis, il entendit vaguement un son de cloche.

Sans doute, un remorqueur qui passait dans le brouillard; — puis, ce fut comme un bruit de grandes eaux, et il cria :

— La crue! la crue!

Un frisson le prit, rien qu'à penser à l'ombre accumulée sous l'arche du pont; et, au milieu de toutes ces

visions, la figure du pion lui apparut tout près de lui, sous l'abat-jour, hirsute et effarée :

— Vous êtes malade, Maugendre?

L'élève Maugendre est bien malade.

M. le docteur a beau secouer la tête, quand le pauvre père, qui le reconduit jusqu'à la porte du collège, lui demande d'une voix étranglée d'angoisse :

— Il ne va pas mourir, n'est-ce pas? »

On voit bien que M. le docteur n'est pas rassuré.

Ses cheveux gris ne sont pas rassurés non plus.

Ils disent « non » mollement, comme s'ils avaient peur de se compromettre.

On ne parle plus d'habit vert ni de bicorne.

Il s'agit seulement d'empêcher l'élève Maugendre de mourir.

M. le docteur a dit nettement qu'on ferait bien de lui rendre la clef des champs, s'il en réchappait...

S'il en réchappait !

La pensée de perdre l'enfant qu'il vient de retrouver anéantit tous les désirs ambitieux du père enrichi.

C'est fini, il renonce à son rêve.

Il est tout prêt à enterrer de ses propres mains l'élève de l'école forestière.

Il le clouera dans la bière, si l'on veut.

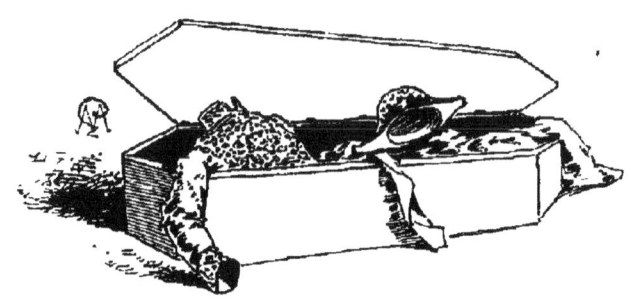

Il ne portera pas son deuil...
Mais, au moins, que l'autre consente à vivre !

Qu'il lui parle, qu'il se lève, qu'il lui jette les bras au cou, qu'il lui dise :

— Console-toi, mon père.

Je suis guéri. »

Et le charpentier se pencha sur le lit de Victor.

C'est fini. Le vieil arbre est fendu jusqu'à l'aubier. Le cœur de Maugendre est devenu tendre.

— Je te laisserai partir, mon gas.

Tu retourneras avec eux, tu navigueras encore.

Et ce sera trop bon pour moi de te voir quelquefois, en passant. »

A présent, la cloche ne sonne plus les heures de la récréation, du réfectoire et de l'étude.

On est en vacances et le grand collège est désert.

Pas d'autre bruit que celui du jet d'eau dans la cour d'honneur et des moineaux piaillant sous les préaux.

Le roulement des rares voitures arrive lointain et assourdi, car on a mis de la paille dans la rue.

C'est au milieu de ce silence et de cette solitude que l'élève Maugendre revient à lui.

Il est tout surpris de se retrouver dans un lit bien

blanc, entouré de grands rideaux de percale qui mettent tout autour un isolement de demi-jour et de paix.

Il voudrait bien se soulever sur l'oreiller, les écarter un peu pour voir où il est; mais, bien qu'il se sente délicieusement reposé, il n'en a pas la force, et il attend.

Mais des voix chuchotent autour de lui.

On dirait, sur le plancher, un bruit de pieds marchant sur la pointe, et même un clabaudement connu : quelque chose comme la promenade d'un manche à balai sur des planches.

Victor a déjà entendu cela, autrefois.

Où donc?

Eh! sur le tillac de la *Belle-Nivernaise*.

C'est cela! C'est bien cela!

Et le malade, réunissant toute sa force, crie d'une voix faible, qu'il croit bien grosse :

— Ohé! L'Équipage! ohé! »

Les rideaux se tirent, et, dans un éblouissement de lumière, il aperçoit tous les êtres chéris qu'il a tant appelés dans son délire.

Tous! Oui, tous!

Ils sont tous là, Clara, Maugendre, le père Louveau, la mère Louveau, Mimile, la petite sœur, et le vieux héron ébouillanté, maigre comme sa gaffe, qui sourit démesurément de son rire silencieux.

Et tous les bras sont tendus, et toutes les têtes sont penchées, et il y a des baisers pour tout le monde, des sourires, des poignées de main, des questions.

— Où suis-je?

Comment êtes-vous là? »

Mais les ordres de M. le docteur sont formels. — Les cheveux gris ne plaisantaient pas en commandant cela.

— Il faut rentrer les bras sous les couvertures, se taire, ne pas s'exciter.

Et, pour empêcher l'enfant de causer, Maugendre parle tout le temps.

— Figure-toi qu'il y a dix jours, — le jour où tu es tombé malade, — je venais justement voir le principal pour lui parler de toi.

Il me dit que tu faisais des progrès, que tu travaillais comme un manœuvre...

Tu juges si j'étais content!

Je demande à te voir.

On t'envoie chercher, et, juste, ton pion tombe dans le cabinet du principal tout effaré.

Tu venais d'avoir un accès de fièvre chaude.

Je cours à l'infirmerie; tu ne me reconnais pas. Des yeux comme des chandelles, et un délire!

Ah! mon pauvre petit gas, comme tu as été malade!

Je ne t'ai plus quitté d'une minute.

Tu battais la campagne... Tu parlais de la *Belle-*

Nivernaise, de Clara, de bateau neuf. Est-ce que je sais?

Alors je me suis rappelé la lettre, la lettre de Clara; on te l'avait trouvée dans les mains, on me l'avait donnée. Et, moi, je l'avais oubliée, tu comprends!

Je la tire de ma poche, je la lis, je me cogne la tête, je me dis :

Maugendre, il ne faut pas que ton chagrin te fasse oublier la peine des amis.

J'écris à tous ces gens-là de venir nous retrouver.

Pas de réponse.

Je profite d'un jour où tu vas mieux, je vais les chercher, je les amène chez moi où ils habitent, et où ils habiteront jusqu'à ce qu'on ait trouvé moyen d'arranger les affaires.

Pas vrai, Louveau? »

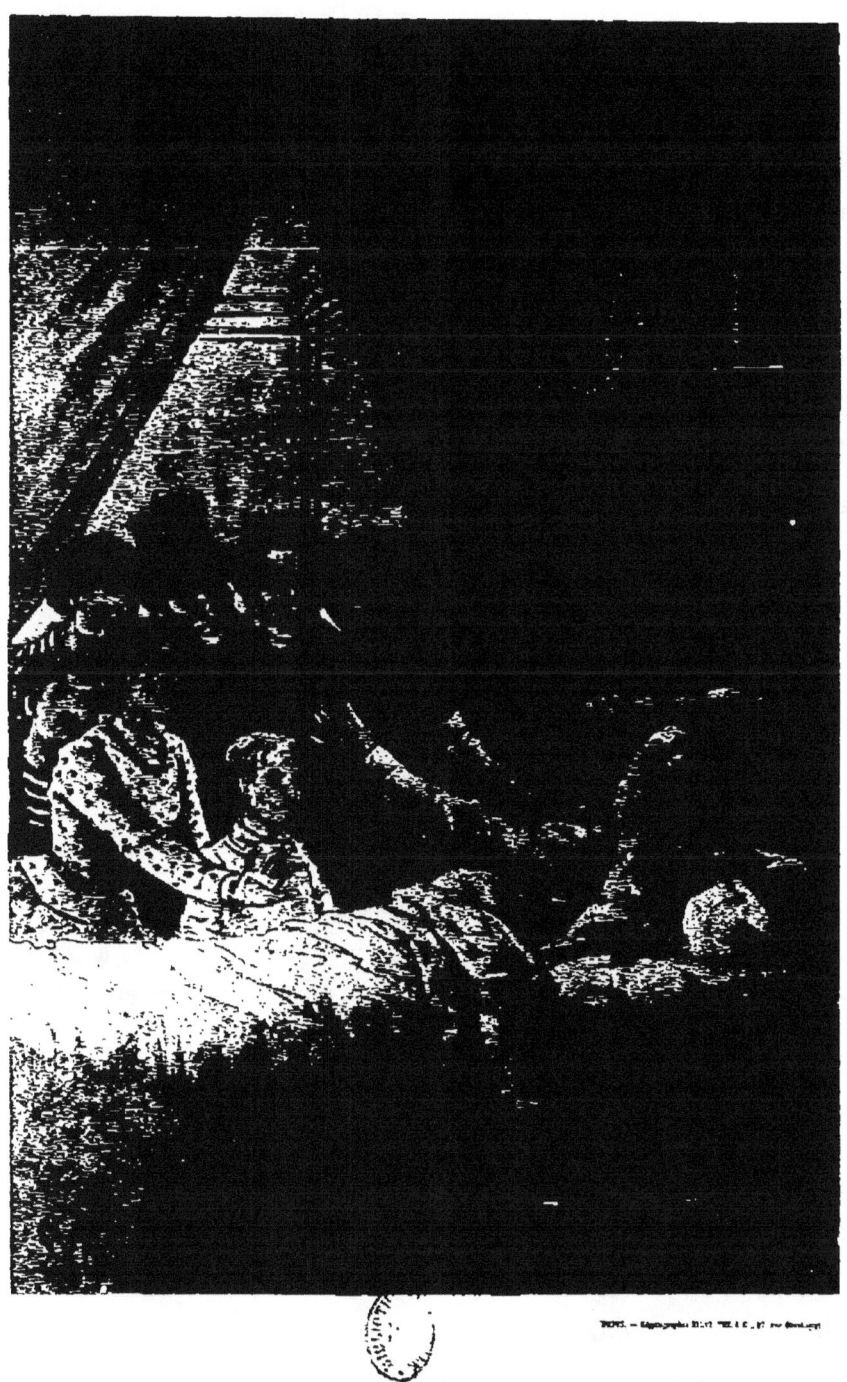

LES RIDEAUX SE TIRENT, ET IL APERÇOIT TOUS LES ÊTRES CHÉRIS QU'IL A TANT APPELÉS DANS SON DÉLIRE

Tout le monde a la larme à l'œil, et, ma foi! tant pis pour les cheveux gris du docteur, les deux bras de Victor sortent de la couverture. Et Maugendre est embrassé comme il ne l'a jamais été, un vrai baiser d'enfant tendre.

Puis, comme il n'est pas possible d'emmener Victor à la maison, on arrange la vie.

Clara restera près du malade pour sucrer ses tisanes et faire la causette.

La mère Louveau ira tenir la maison, François surveillera une bâtisse que le charpentier a entreprise dans la Grande-Rue.

Quant à Maugendre, il part pour Clamecy.

Il va voir des connaissances qui ont une grande entreprise de trains de bois.

Ces gens-là seront enchantés d'employer un fin marinier comme Louveau.

Non! non! pas de récriminations, pas de résistance. C'est une affaire entendue, une chose toute simple.

Certes, ce n'est pas Victor qui récrimine.

On le lève maintenant et l'on roule son grand fauteuil contre la fenêtre.

Il est tout seul avec Clara, dans l'infirmerie silencieuse.

Et Victor est ravi.

Il bénit sa maladie. Il bénit la vente de la *Belle-Nivernaise*. Il bénit toutes les ventes et toutes les maladies du monde.

— Te souviens-tu, Clara, quand je tenais la barre, et que tu venais t'asseoir auprès de moi, avec ton tricot?

Clara se souvient si bien qu'elle baisse les yeux, qu'elle rougit, et qu'ils restent tous les deux embarrassés?

Car maintenant il n'est plus le petit gas en béret rouge dont les pieds ne touchaient pas le tillac quand il grimpait sur la barre, à califourchon.

Et, elle, quand elle arrive le matin, et qu'elle ôte son petit châle pour le jeter sur le lit, elle a l'air d'une vraie jeune fille, tant ses bras sont ronds dans ses manches, sa taille élancée.

— Viens de bonne heure, Clara, et reste le plus tard possible. »

Il fait si bon à déjeuner et dîner en tête-à-tête tout près de la fenêtre, à l'abri des rideaux blancs.

Ils se rappellent la petite enfance, les panades mangées au bord du lit, avec la même cuillère.

Ah! les souvenirs d'enfance!

Ils voltigent dans l'infirmerie du collège comme des oiseaux en volière. Sans doute ils font leur nid dans tous les coins des rideaux, car il y en a de nouveaux chaque matin, frais éclos, qui prennent leur vol.

Et vraiment l'on dirait, à entendre ces conversations

du passé, un couple d'octogénaires, ne regardant plus qu'au loin derrière eux.

N'y a-t-il donc pas un avenir qui pourrait bien être intéressant, lui aussi ?

Oui, il y a un avenir; et l'on y pense souvent, si l'on n'en parle jamais.

D'ailleurs il n'est pas indispensable de faire des phrases pour causer. Certaine façon de se prendre la main et de rougir à tout propos en dit plus long que la parole.

Victor et Clara causent dans cette langue-là toute la journée.

C'est probablement pour cela qu'ils sont souvent silencieux.

Et c'est pour cela aussi que les jours passent si vite,

IL FAIT SI BON A DÉJEUNER EN TÊTE A TÊTE, TOUT PRÈS DE LA FENÊTRE, A L'ABRI DES RIDEAUX BLANCS

que le mois s'écoule à petit bruit sans qu'on l'entende.

C'est pour cela que M. le docteur est obligé de hérisser ses cheveux gris et de mettre son malade à la porte de l'infirmerie.

Justement, le père Maugendre revient de voyage à cette époque.

Il trouve tout le monde réuni à la maison. Et quand le pauvre Louveau, tout inquiet, lui demande :

— Eh bien ! veut-on de moi, là-bas ?... »

Maugendre ne peut se tenir de rire.

— Si on veut de toi, mon vieux !...

Ils avaient besoin d'un patron pour un nouveau navire, et ils m'ont remercié du cadeau que je leur faisais. »

Qui ça « ils » ?

Le père Louveau est si enchanté qu'il n'en demande pas davantage.

Et tout le monde se met en route pour Clamecy, sans en savoir plus long.

Quelle joie, en arrivant au bord du canal!

Là, à quai, pavoisé du haut en bas, un magnifique ba-

teau, flambant neuf, dresse son mât verni au milieu des verdures.

On lui donne le dernier coup d'astic, et l'étambot, où le nom de l'embarcation est écrit, demeure couvert d'une toile grise.

Un cri sort de toutes les bouches :

— Ah! le beau navire!

Louveau n'en croit pas ses yeux.

Il a une émotion de tous les diables qui lui picote les

paupières, lui fend la bouche d'un pied, et secoue ses boucles d'oreilles comme des paniers à salade.

— C'est trop beau!

Je n'oserai jamais conduire un bateau comme ça. C'est pas fait pour naviguer.

On devrait mettre ça sous globe. »

Il faut que Maugendre le pousse de force sur la passerelle, d'où l'Équipage leur fait des signes.

Comment!

L'Équipage lui-même est restauré?

Restauré, radoubé, calfaté à neuf.

Il a une gaffe et une jambe de bois toutes fraîches. C'est une gracieuseté de l'entrepreneur, un homme entendu qui a bien fait les choses.

Voyez plutôt :

Le tillac est en bois ciré entouré d'une balustrade. Il y a un banc pour s'asseoir, une tente pour s'abriter.

La cale est de taille à porter cargaison double.

Et la cabine!... oh! la cabine!

— Trois chambres!

— Une cuisine!

— Des glaces!

Louveau entraine Maugendre sur le pont.

Il est ému, secoué d'attendrissement, — comme ses boucles d'oreilles.

Il bégaye :

— Mon vieux Maugendre...

— Qu'est-ce qu'il y a?

— Tu n'as oublié qu'une chose...

— Voyons?

— Tu ne m'as pas dit pour le compte de qui je naviguerais.

— Tu veux le savoir?

— Bédame!

— Eh bien! pour ton compte!

— Comment... mais alors... le bateau...

— Est à toi!

Quel coup, mes enfants!

Quel abordage en pleine poitrine!

Heureusement que l'entrepreneur, — qui est un homme entendu, — a eu l'idée de mettre un banc sur le pont.

Louveau tombe dessus comme assommé.

— Ce n'est pas possible... on ne peut pas accepter..

Mais Maugendre a réponse à tout :

— Allons donc!

Tu oublies notre vieille dette, les dépenses que tu as faites pour Victor!

Sois tranquille, François, c'est encore moi qui te dois
le plus.

Et les deux compagnons s'embrassent comme des
frères.

Cette fois, ça y est : on a pleuré.

Décidément, Maugendre a tout disposé pour que la
surprise soit complète, car tandis qu'on s'embrasse sur

le pont, voilà M. le curé qui débouche du bois, bannière
au vent, musique en tête.

Qu'est-ce encore?

La bénédiction du bateau, parbleu!

Tout Clamecy est venu en procession pour assister à
la fête.

Et la bannière flotte au vent.

Et la musique joue.

— Zim-boum-boum!

Et les figures sont joyeuses.

Et il y a sur tout cela un joli soleil qui fait flamber l'argent de la croix et les cuivres des musiciens.

La jolie fête!

On vient de découvrir la toile qui masquait l'étambot; le nom du bateau se détache en belles lettres d'or sur un fond d'azur:

La Nouvelle-Nivernaise

Hurrah! pour la *Nouvelle-Nivernaise!* Quelle ait

NE DIRAIT-ON PAS UN JEUNE COUPLE A L'AUTEL

longue vie comme l'ancienne et plus heureuse vieillesse!

M. le curé s'est approché du bateau.

Derrière lui, les chantres et les musiciens sont rangés sur une seule ligne.

La bannière fait fond.

— *Benedicat Deus...*

C'est Victor qui est le parrain et Clara qui est la marraine.

M. le curé les a fait avancer au bord du quai, tout près de lui.

Ils se tiennent par la main, ils sont tout timides, tout tremblants.

Ils bredouillent de travers les phrases que l'enfant de chœur leur souffle, tandis que M. le curé secoue le goupillon sur eux :

— *Benedicat Deus...*

Ne dirait-on pas un jeune couple à l'autel?

Cette pensée-là vient à tout le monde.

Peut-être bien qu'elle leur vient à eux aussi, car ils

n'osent pas se regarder, et ils se troublent de plus en plus à mesure que la cérémonie avance.

C'est fini.

La foule se retire et la *Nouvelle-Nivernaise* est bénie.

Mais on ne peut laisser partir les musiciens, comme cela, sans les rafraîchir.

Et, tandis que Louveau verse une rasade aux musiciens, Maugendre cligne de l'œil à la mère Louveau, prend par la main le parrain et la marraine, et se tournant vers M. le curé :

— Voilà le baptême fini, monsieur le curé ; à quand le mariage ? »

Victor et Clara deviennent rouges comme des coquelicots.

Mimile et la petite sœur battent des mains.

Et, au milieu de l'enthousiasme général, le père Louveau, très allumé, se penche sur l'épaule de la fille.

Il rit jusqu'aux oreilles, le brave marinier, et, réjoui d'avance de sa plaisanterie, il dit d'un ton goguenard :

— Dis donc, Clara, v'là le moment... si nous reportions Victor chez le commissaire?

JARJAILLE CHEZ LE BON DIEU

JARJAILLE
CHEZ LE BON DIEU

LÉGENDE PROVENÇALE

Imitée de Louis Roumieux

Jarjaille, un portefaix de Saint-Rémy, s'est laissé mourir un beau matin et le voilà tombant dans l'éternité..... Roule que rouleras ! L'éternité est vaste, noire comme la poix, profonde et démesurée à faire peur. Jarjaille ne sait où aller; il erre dans la nuit, claquant des dents, tirant des brassées à l'aveuglette. A la fin, à la longue, il aperçoit une petite lumière là-haut, tout en haut. Il y va. C'était la porte du bon Dieu.

Jarjaille frappe : Pan ! pan !

— Qui est là ? crie saint Pierre.

— C'est moi.
— Qui, toi ?
— Jarjaille.
— Jarjaille de Saint-Rémy ?
— Tout juste.
— Mais, galopin, lui dit saint Pierre, tu n'as pas honte de vouloir entrer au paradis, toi qui depuis vingt ans n'es pas une seule fois allé à la messe !... Toi qui mangeais gras le vendredi quand tu pouvais, et le samedi quand tu en avais !... Toi qui, par moquerie, appelais le tonnerre le tambour des escargots, parce que les escargots viennent pendant l'orage... Toi qui, aux saintes paroles de ton père : « Jarjaille, le bon Dieu te punira, » répondais le plus souvent : « Le bon Dieu ? Qui l'a vu ? quand on est mort, on est bien mort. » Toi, enfin, qui le reniais et blasphémais à faire frémir ; se peut-il, dis, se peut-il que tu te présentes ici, abandonné de Dieu ?

Le pauvre Jarjaille répondit :

— Je ne dis pas le contraire. Je suis un pécheur, un misérable pécheur. Mais qui se serait douté qu'après la mort, il y aurait encore tant de mystères ? Enfin, je me suis trompé, et voilà le vin tiré ; maintenant il faut le boire. Mais au moins, grand saint Pierre, laissez-moi voir un peu mon oncle, pour lui conter ce qui se passe à Saint-Rémy.

— Quel oncle?
— Mon oncle Matéri, qui était pénitent blanc.

— Ton oncle Matéri? Il est au purgatoire pour cent ans.
— Pour cent ans!... Et qu'est-ce qu'il avait fait?
— Tu te rappelles qu'il portait la croix aux processions... Un jour, quelques joyeux copains se donnèrent

le mot, et il y en eut un qui se mit à dire : « Vois Matéri, qui porte la croix ! » Un peu plus loin, un autre recommence : « Vois Matéri, qui porte la croix. » Finalement, un troisième le montre en disant : « Vois, vois Matéri ce qu'il porte !... » Matéri, dépatienté, répliqua : « Ce que je porte ?... si je te portais, toi, je porterais pour sûr un fier viédaze..... » Là-dessus il eut un coup de sang, et mourut sur sa colère.

— Pauvre Matéri... Alors faites-moi voir ma tante Dorothée, qui était si... si dévote...

— Elle doit être au diable, je ne la connais pas.

— Oh ! ben ! si celle-là est au diable ça ne m'étonne pas. Figurez-vous qu'avec ses grands airs dévotieux...

— Jarjaille, je n'ai pas le temps. Il faut que j'aille ouvrir la porte à un pauvre balayeur des rues que son âne d'un coup de pied vient d'envoyer en paradis.

— O grand saint Pierre, d'abord que vous avez tant fait et que la vue n'en coûte rien, laissez-moi le voir un peu votre paradis. On dit que c'est si beau...

— Té ! pardi !... Plus souvent que je vais laisser entrer un vilain huguenot comme toi...

— Allons, grand saint ! songez que mon père qui est marinier du Rhône, porte votre bannière aux processions...

— Eh bien ! soit, dit le saint... Pour ton père, je te l'accorde... mais tu sais, collègue, c'est bien convenu. Tu passeras seulement le bout du nez, juste ce qu'il faut pour voir.

— Pas davantage...

Donc le céleste porte-clefs entre-bâille la porte, et dit à Jarjaille : « Tiens ! regarde... » Mais tout d'un temps virant l'échine, voilà mon Jarjaille qui entre à reculons dans le Paradis.

— Qu'est-ce que tu fais ? lui dit saint Pierre.

— La grande lumière m'aveugle, répond l'homme de Saint-Rémy, il faut que j'entre de dos. Mais, soyez tranquille, selon votre parole, quand j'aurai mis le nez je n'irai pas plus loin.

— Allons ! pensa le bienheureux, je me suis pris le pied dans ma musette. Et mon gredin est dans le Paradis.

— Oh ! dit Jarjaille, comme vous êtes bien ici ! Comme c'est beau ! Quelle musique !...

Au bout d'un moment, le saint portier lui dit: « Quand tu auras assez regardé... puis après tu sortiras je suppose... C'est que je n'ai pas le temps, moi, de rester là. »

— Ne vous gênez pas, répondit Jarjaille, si vous avez quelque chose à faire, allez-y. Moi, je sortirai..... quand je sortirai. Rien ne presse.

— Ouais ! mais ce n'est pas cela qui avait été convenu.

— Mon Dieu ! saint homme, vous voilà bien ému ! C'est différent, si vous n'aviez pas de large ici... mais je rends grâce à Dieu ! ce n'est pas la place qui manque.

— Et moi je te dis de sortir, que si le bon Dieu passait.....

— Oh ! puis, arrangez-vous comme vous voudrez. J'ai toujours entendu dire : Qui est bien, qu'il s'y tienne ! Je suis ici, j'y reste.

Saint Pierre branlait la tête, frappait du pied... Il va trouver saint Yves.

« O GRAND SAINT-PIERRE ! LAISSEZ-MOI LE VOIR UN PEU VOTRE PARADIS,
ON DIT QUE C'EST SI BEAU »

— Yves, lui dit-il, toi qui es avocat, il faut que tu me donnes un conseil.

— Deux, si tu en as besoin, répond saint Yves.

— Tu sais qu'il m'en arrive une bonne? Je me

trouve dans tel cas, comme ça... comme ça... maintenant qu'est-ce qu'il faut que je fasse?

— Il te faut, dit saint Yves, prendre un bon avoué, et faire comparaître par huissier ledit Jarjaille devant Dieu.

Ils cherchent un avoué; mais des avoués en paradis, jamais personne n'en a vu. Ils cherchent un huissier; encore moins.

Saint Pierre ne savait plus de quel bois faire flèche.

Vient à passer saint Luc.

— Qu'est-ce que tu as, mon pauvre Pierre? Comme tu fais ta lippe. Est-ce que Notre-Seigneur, t'aurait encore saboulé?

— Oh! dit-il, mon homme, tais-toi. Il m'arrive un cas de la malédiction. Il y a un certain nommé Jarjaille qui est entré par surprise en paradis, et je ne sais plus comment le mettre dehors.

— Et d'où est-il celui-là?

— De Saint-Rémy.

— De Saint-Rémy? dit saint Luc. Eh! mon Dieu! que tu es bon! Pour le faire sortir ce n'est rien du tout... Écoute : Je suis, comme tu sais, l'ami des bœufs et le patron des bouviers ; à ce titre, je cours la Camargue, Arles, Nîmes, Beaucaire, Tarascon, et je connais tout ce brave peuple, et je sais comme il faut le prendre... Ces gens-là, vois-tu, sauteraient dans le feu pour voir une course de taureaux... Attends un peu. Je me charge de l'expédier, ton Jarjaille.

A ce moment passait par là un vol de petits anges tout joufflus.

— Petits! leur fait saint Luc, pst! pst!...

Les angelots descendent.

— Allez-vous-en doucement dehors du paradis, et quand vous serez devant la porte, vous passerez en cou-

ant et vous crierez comme à Saint-Rémy aux courses
de taureaux : Les bœufs ! les bœufs !... Oh ! té ! Oh ! té !.
Les fers ! les fers !...

C'est ce que font les anges. Ils sortent du paradis, et

quand ils sont devant la porte, ils se précipitent en
criant : Les bœufs !... les bœufs !... Oh ! té !... té !...

En entendant cela, Jarjaille, mon bon Dieu ! se
retourne stupéfait : « Tron de l'èr ! Ici, aussi, on fait
courir les bœufs ! Vite... vite... » Et il se lance vers la
porte comme un fou ; et il sort du paradis, le pauvre !

Saint Pierre vitement pousse la porte sur lui, met la
barre, et passant ensuite la tête au fenestron :

— Eh bien! Jarjaille, lui dit-il en riant, comment te trouves-tu, maintenant?

— Oh! réplique Jarjaille, c'est égal! si ç'avait été les bœufs, je n'aurais pas regretté ma part de paradis. »

Et ce disant il pique une tête dans l'éternité.

LA FIGUE ET LE PARESSEUX

LA FIGUE ET LE PARESSEUX

LÉGENDE ALGÉRIENNE

Dans l'indolente et voluptueuse petite ville de Blidah, quelques années avant l'invasion des Français, vivait un brave Maure qui, du nom de son père, s'appelait Sidi-Lakdar et que les gens de sa ville avaient surnommé le Paresseux.

Vous saurez que les Maures d'Algérie sont les hommes les plus indolents de la terre, ceux de Blidah surtout; sans doute à cause des parfums d'oranges et de limons doux dont la ville est noyée. Mais en fait de paresse et de nonchaloir, entre tous les Blidiens, pas un ne venait à la ceinture de Sidi-Lakdar. Le digne seigneur avait élevé son vice à la hauteur d'une profession. D'autres sont brodeurs, cafetiers, marchands d'épices. Sidi-Lakdar, lui, était paresseux.

A la mort de son père, il avait hérité d'un jardinet sous les remparts de la ville, avec de petits murs blancs qui tombaient en ruines, une porte embroussaillée qui ne fermait pas, quelques figuiers, quelques bananiers et deux ou trois sources vives luisant dans l'herbe. C'est là qu'il passait sa vie, étendu de tout son long, silencieux, immobile, des fourmis rouges plein sa barbe. Quand il avait faim, il allongeait le bras et ramassait une figue ou une banane écrasée dans le gazon près de lui ; mais s'il eût fallu se lever et cueillir un fruit sur sa branche, il serait plutôt mort de faim. Aussi, dans son jardin, les figues pourrissaient sur place, et les arbres étaient criblés de petits oiseaux.

Cette paresse effrénée avait rendu Lakdar très populaire dans son pays. On le respectait à l'égal d'un saint. En passant devant son petit clos, les dames de la ville qui venaient de manger des confitures au cimetière, mettaient leurs mules au pas et se parlaient à voix basse sous leurs masques blancs. Les hommes s'inclinaient pieusement, et, tous les jours, à la sortie de l'école, il y avait sur les murailles du jardin toute une volée de gamins en vestons de soie rayée et bonnets rouges, qui venaient essayer de déranger cette belle paresse, appelaient Lakdar par son nom, riaient, menaient du train, lui jetaient des peaux d'oranges.

Peine perdue ! Le paresseux ne bougeait pas. De temps

en temps on l'entendait crier du fond de l'herbe : « Gare, gare tout à l'heure, si je me lève ! » mais il ne se levait jamais.

Or, il arriva qu'un de ces petits drôles, en venant comme cela faire des niches au paresseux, fut en quelque sorte touché par la grâce, et, pris d'un goût subit pour l'existence horizontale, déclara un matin à son père qu'il entendait ne plus aller à l'école et qu'il voulait se faire paresseux.

— Paresseux, toi ?... fit le père, un brave tourneur de tuyaux de pipes, diligent comme une abeille et assis devant son tour dès que le coq chantait... Toi, paresseux ?... En voilà une invention ?

— Oui, mon père, je veux me faire paresseux... comme Sidi-Lakdar...

— Point du tout, mon garçon. Tu seras tourneur comme ton père, ou greffier au tribunal du Cadi comme ton oncle Ali ; mais jamais je ne ferai de toi un paresseux... Allons, vite, à l'école ; ou je te casse sur les côtes ce beau morceau de merisier tout neuf... Arri, bourriquot !

En face du merisier, l'enfant n'insista pas et feignit d'être convaincu ; mais au lieu d'aller à l'école, il entra dans un bazar maure, se blottit à la devanture d'un marchand, entre deux piles de tapis de Smyrne, et resta là tout le jour, étendu sur le dos, regardant les lanternes mauresques, les bourses de drap bleu, les corsages à plastrons d'or qui luisaient au soleil, et respirant l'odeur pénétrante des flacons d'essence de rose et des bons burnous de laine chaude. Ce fut ainsi désormais qu'il passa tout le temps de l'école...

Au bout de quelques jours, le père eut vent de la chose ; mais il eut beau crier, tempêter, blasphémer le nom d'Allah et frotter les reins du petit homme avec tous les merisiers de sa boutique, rien n'y fit. L'enfant s'entêtait à dire : « Je veux être paresseux... je veux être paresseux », et toujours on le trouvait étendu dans quelque coin.

De guerre lasse, et après avoir consulté le greffier Ali, le père prit un parti :

— Écoute, dit-il à son fils, puisque tu veux être paresseux à toute force, je vais te conduire chez Lakdar. Il te passera un examen, et si tu as réellement des dispositions pour son métier, je le prierai de te garder chez lui, en apprentissage.

— Ceci me va, répondit l'enfant.

Et pas plus tard que le lendemain, ils s'en allèrent tous les deux, parfumés de verveine et la tête rasée de frais, trouver le paresseux dans son petit jardin.

La porte était toujours ouverte. Nos gens entrèrent sans frapper ; mais comme l'herbe montait très touffue et très haute, ils eurent quelque peine à découvrir le maître du clos. Ils finirent pourtant par apercevoir, couché sous les figuiers du fond, dans un tourbillon de

petits oiseaux et de plantes folles, un paquet de guenilles jaunes qui les accueillit d'un grognement.

— Le Seigneur soit avec toi, Sidi Lakdar, dit le père en s'inclinant, la main sur la poitrine. Voici mon fils qui veut absolument se faire paresseux. Je te l'amène pour que tu l'examines, et que tu voies s'il a la vocation. Dans ce cas, je te prie de le prendre chez toi comme apprenti. Je paierai ce qu'il faudra.

Sidi-Lakdar, sans répondre, leur fit signe de s'asseoir près de lui, dans l'herbe. Le père s'assit, l'enfant se cou-

IL ENTRA DANS UN BAZAR MAURE ET SE BLOTTIT A LA DEVANTURE DU MARCHAND
ENTRE DEUX PILES DE TAPIS DE SMYRNE

cha, ce qui était déjà un fort bon signe. Puis tous les trois se regardaient sans parler.

C'était le plein midi du jour; il faisait une chaleur, une lumière... Tout le petit clos avait l'air de dormir. On n'entendait que le crépitement des genêts sauvages crevant leurs cosses au soleil, les sources chantant sous l'herbe et les oiseaux alourdis qui voletaient entre les feuilles avec un bruit d'éventail ouvert et refermé. De

temps en temps, une figue trop mûre se détachait et dégringolait de branche en branche. Alors, Sidi-Lakdar tendait la main et, d'un air fatigué, portait le fruit jusqu'à sa bouche. L'enfant, lui, ne prenait pas même cette peine. Les plus belles figues tombaient à ses côtés sans qu'il tournât seulement la tête. Le maître, du coin de l'œil, observait cette magnifique indolence; mais il continuait à ne pas souffler mot.

Une heure, deux heures se passèrent ainsi. Pensez que le pauvre tourneur de tuyaux de pipes commençait à trouver la séance un peu longue. Pourtant, il n'osait rien dire, et demeurait là, immobile, les yeux fixes, les jambes croisées, envahi lui-même par l'atmosphère de paresse qui flottait dans la chaleur du clos avec une vague odeur de banane et d'orange cuites.

Tout à coup, voilà une grosse figue qui tombe de l'arbre et vient s'aplatir sur la joue de l'enfant. Belle figue, par Allah! rose, sucrée, parfumée comme un

rayon de miel. Pour la faire entrer dans sa bouche, l'enfant n'avait qu'à la pousser du doigt; mais il trouvait cela encore trop fatigant, et il restait ainsi, sans bouger, avec ce fruit qui lui embaumait la joue. A la fin, la tentation devint trop forte; il cligna de l'œil vers son père et l'appela d'une voix dolente :

« Papa, dit-il, papa... mets-la moi dans la bouche... »

A ces mots, Sidi-Lakdar qui tenait une figue à la main la rejeta bien loin, et s'adressant au père avec colère :

« Et voilà l'enfant que tu viens m'offrir pour apprenti !

Mais c'est lui qui est mon maître ! C'est lui qui doit me donner des leçons ! »

Puis, tombant à genoux, la tête contre terre, devant l'enfant toujours couché :

« Je te salue, dit-il, ô père de la paresse !.... »

PREMIER HABIT

SOUVENIRS DE JEUNESSE

PREMIER HABIT

SOUVENIRS DE JEUNESSE

Comment l'avais-je eu, cet habit? Quel tailleur des temps primitifs, quel inespéré Monsieur Dimanche s'était, sur la foi de fantastiques promesses, décidé à me l'apporter, un matin, tout flambant neuf, et artistement épinglé dans un carré de lustrine verte? Il me serait bien difficile de le dire. De l'honnête tailleur, je ne me rappelle rien — tant de tailleurs depuis ont traversé ma vie! — rien, si ce n'est, dans un lumineux brouillard, un front pensif avec de grosses moustaches. L'habit, par exemple, est là, devant mes yeux. Son image, après vingt ans, reste encore gravée dans ma mémoire comme sur l'impérissable airain. Quel collet, jeunes gens, et quels revers ! Quels pans, surtout, taillés en bec de flûte ! Il participait à la fois des grâces troubadouresques de la Restauration et de la sévérité spartiate du premier Empire.

Il me sembla, quand je l'endossai, que, reculant d'un demi-siècle, j'endossais la peau doctrinaire de l'illustre Benjamin Constant. Mon frère, homme d'expérience, avait dit : « — Il faut un habit quand on veut faire son chemin dans le monde ! » Et le cher garçon comptait beaucoup sur cette défroque pour ma gloire et mon avenir.

Quoi qu'il en soit de mon habit, Augustine Brohan en

eut l'étrenne! Voici dans quelles circonstances dignes de passer à la postérité :

Mon premier livre venait d'éclore, virginal et frais dans sa couverture rose. Quelques journaux avaient parlé de mes rimes. L'*Officiel* lui-même avait imprimé mon nom. J'étais poète, non plus en chambre, mais édité, lancé, s'étalant aux vitres. Je m'étonnais que la foule ne se retournât pas lorsque mes dix-huit ans vaguaient par les rues. Je sentais positivement sur mon front la pression douce d'une couronne en papier faite d'articles découpés.

On me proposa, un jour, de me faire inviter aux soirées d'Augustine. — Qui, On? — On, parbleu! Vous le voyez d'ici : l'éternel quidam qui ressemble à tout le monde, l'homme aimable, providentiel, qui, sans rien être par lui-même, sans être bien connu nulle part, va partout, vous conduit partout, ami d'un jour, ami d'une heure, dont personne ne sait le nom, un type essentiellement parisien.

Si j'acceptai, vous pouvez le croire! Être invité chez Augustine, Augustine, l'illustre comédienne, Augustine le rire aux dents blanches de Molière, avec quelque chose du sourire plus modernement poétique de Musset; car, — si elle jouait les soubrettes au Théâtre-Français, Musset avait écrit sa comédie de *Louison* chez elle; — Augustine Brohan enfin, dont Paris célébrait l'esprit, citait les mots, et qui déjà portait au chapeau, non encore trempée dans l'encre, mais toute prête et taillée d'un fin canif, la plume d'oiseau bleu couleur du temps dont elle devait signer les *Lettres de Suzanne*.

« — Chançard, me dit mon frère en m'enfournant dans le vaste habit, maintenant, ta fortune est faite. »

Neuf heures sonnaient, je partis.

Augustine Brohan habitait alors rue Lord-Byron, tout en haut des Champs-Élysées, un de ces coquets petits hôtels dont les pauvres diables provinciaux à l'imagination poétique rêvent d'après les romanciers. Une grille, un petit jardin, un perron de quatre marches sous une marquise, des fleurs plein l'antichambre, et tout de suite le salon, un salon vert très éclairé, que je revois si bien...

Comment je montai le perron, comment j'entrai, comment je me présentai, je l'ignore. Un domestique annonça mon nom, mais ce nom, bredouillé d'ailleurs, ne produisit aucun effet sur l'assemblée. Je me rappelle seulement une voix de femme qui disait :

« — Tant mieux, un danseur ! » Il paraît qu'on en manquait. Quelle entrée pour un lyrique !

Terrifié, humilié, je me dissimulai dans la foule. Dire mon effarement!... Au bout d'un instant, autre aventure : mon étrange habit, mes longs cheveux, mon œil boudeur et sombre provoquaient la curiosité publique. J'entendais chuchoter autour de moi « Qui est-ce?... regardez donc... » et l'on riait. Enfin quelqu'un dit : « C'est le prince valaque ! — Le prince valaque?... ah! oui, très bien... » Il faut croire que, ce soir-là, on attendait un prince valaque. J'étais classé, on me laissa tranquille. Mais c'est égal, vous ne sauriez croire combien, pendant toute la soirée, ma couronne usurpée me pesa. D'abord danseur, puis prince valaque. Ces gens-là ne voyaient donc pas ma lyre?

Enfin, les quadrilles commencèrent. Je dansai, il le fallut ! Je dansai même assez mal, pour un prince valaque. Le quadrille fini, je m'immobilisai, sottement bridé par ma myopie, trop peu hardi pour arborer le lorgnon, trop poète pour porter lunettes, et craignant toujours au moindre mouvement de me luxer le genou à l'angle d'un meuble ou de planter mon nez dans l'entre-deux d'un corsage. Bientôt la faim, la soif s'en mêlèrent; mais pour un empire, je n'aurais osé m'approcher du buffet avec tout le monde. Je guettais le moment où il serait vide. En attendant, je me mêlais aux groupes des politiqueurs, gardant un air grave, et feignant de dédaigner les félicités du petit salon d'où m'arrivait, avec un bruit de rires et de petites cuillers remuées dans la porcelaine, une fine odeur de thé fumant, de vins d'Espagne et de gâteaux. Enfin, quand on revient danser, je me décide. Me voilà entré, je suis seul... Un éblouissement, ce buffet! c'était, sous la flamme des bougies, avec ses verres, ses flacons, une pyramide en cristal, blanche, éblouissante, fraîche à la vue, de la neige au soleil. Je prends un verre, frêle comme une fleur; j'ai bien soin de ne pas serrer par crainte d'en briser la tige. Que verser dedans? Allons! du courage, puisque personne ne me voit. J'atteins un flacon en tâtonnant, sans choisir. Ce doit être du kirsch, on dirait du diamant liquide. Va donc pour un petit verre de kirsch; j'aime son parfum qui me fait rêver de grands bois, son parfum amer et un peu sauvage. Et me voilà versant goutte à goutte, en gourmet, la claire liqueur. Je hausse le verre, j'allonge les lèvres. Horreur! De l'eau pure, quelle grimace! Soudain retentit un double éclat de rire : un habit noir, une robe rose que je n'ai pas aperçus, en train de flirter dans un coin, et que ma méprise amuse. Je veux replacer le verre; mais je suis troublé, ma main tremble, ma manche accroche je ne sais quoi. Un verre tombe, deux, trois

verres ! Je me retourne, mes basques s'en mêlent, et la blanche pyramide roule par terre avec les scintillations, le bruit d'ouragan, les éclats sans nombre d'un iceberg qui s'écroulerait.

La maîtresse de maison accourut au vacarme. Heureusement elle est aussi myope que le prince valaque, et celui-ci peut s'évader du buffet sans être aperçu. C'est égal! ma soirée est gâtée. Ce massacre de petits verres et de carafons me pèse comme un crime Je ne songe plus qu'à m'en aller. Mais la maman Dubois, éblouie par ma principauté, s'accroche à moi, ne veut pas que je parte sans avoir fait danser sa fille, comment donc! ses deux filles. Je m'excuse tant bien que mal, je m'échappe, je vais sortir, lorsqu'un grand vieux au sourire fin, tête d'évêque et de diplomate, m'arrête au passage. C'est le

docteur Ricord, avec qui j'ai échangé quelques mots tout à l'heure et qui me croit Valaque, comme les autres. — « Mais, prince, puisque vous habitez l'hôtel du Sénat et que nous sommes tout à fait voisins, attendez-moi. J'ai une place pour vous dans ma voiture. » Je voudrais bien, mais je suis venu sans pardessus. Que dirait Ricord d'un prince valaque privé de fourrures et grelottant dans son habit? Évadons-nous vite, rentrons à pied, par la neige, par le brouillard, plutôt que de laisser voir notre misère. Toujours myope et plus troublé que jamais, je gagne la porte et me glisse au dehors, non sans m'empêtrer dans les tentures. « — Monsieur ne prend pas son pardessus? » me crie un valet de pied.

Me voilà, à deux heures du matin, loin de chez moi,

lâché par les rues, affamé, gelé, et la queue du diable dans ma poche. Tout à coup la faim m'inspira, une illumination me vint : « Si j'allais aux halles. » On m'avait souvent parlé des halles et d'un certain G..., ouvert toute la nuit, chez lequel on mangeait pour trois sous des soupes aux choux succulentes. Parbleu, oui, j'irai aux halles. Je m'attablerai là comme un vagabond, un rôdeur de nuit. Mes fiertés sont passées. Le vent glace, j'ai l'estomac creux. « — Mon royaume pour un cheval », disait l'autre; moi, je dis tout en trottinant : « — Ma principauté, ma principauté valaque pour une bonne soupe dans un endroit chaud! »

C'était un vrai bouge par l'aspect, cet établissement de G... qui s'enfonçait poisseux et misérablement éclairé sous les piliers des vieilles halles. Bien souvent depuis, quand le noctambulisme était à la mode, nous avons passé là des nuits entières, entre futurs grands hommes, coudes sur la table, fumant et causant littérature. Mais la première fois, je l'avoue, je faillis reculer malgré ma faim, devant ces murs noirs, cette fumée, ces gens attablés, ronflant le dos au mur ou lapant leur soupe comme des chiens, ces casquettes de don Juan du ruisseau, ces énormes feutres blancs des forts de la halle, et la blouse saine et rugueuse du maraîcher près des guenilles grasses du rôdeur de barrière. J'entrai pourtant, et je dois dire que tout de suite mon habit noir trouva de la compagnie. Ils ne sont pas rares à Paris, passé minuit, les habits noirs sans pardessus l'hiver, et qui ont faim de trois sous de soupe aux choux! Soupe aux choux exquise d'ailleurs; odorante comme un jardin et fumante comme un cratère. J'en repris deux fois, quoique cette habitude, inspirée par une salutaire défiance, d'attacher fourchettes et cuillers à la table avec une chaînette, me gênât un peu. Je payai, et le cœur raffermi par cette solide pâtée, je repris la route du quartier latin.

Imaginez-vous ma rentrée, la rentrée du poète remontant au trot la rue de Tournon, le col de son habit relevé, voyant danser devant ses yeux, que la fatigue ensommeille, les ombres élégantes d'une soirée mondaine mêlées aux silhouettes affamées de chez Chose, et cognant,

pour en détacher la neige, ses bottines contre la borne de l'hôtel du Sénat, tandis qu'en face les lanternes blanches d'un coupé illuminent la façade d'un vieil hôtel, et que le cocher du docteur Ricord demande :

« — Porte, s'il vous plaît! » La vie de Paris est faite de ces contrastes.

« — Soirée perdue! me dit mon frère le lendemain. Tu as passé pour prince valaque, et tu n'as pas lancé ton volume. Mais rien n'est encore désespéré. Tu te rattrapperas à la visite de digestion. » La digestion d'un verre d'eau, quelle ironie! Il fallut bien deux mois pour me décider à cette visite. Un jour pourtant, je pris mon parti. En dehors de ses mercredis officiels, Augustine Brohan donnait le dimanche des matinées plus intimes. Je m'y rendis résolument.

« A Paris, une matinée qui se respecte ne saurait décemment commencer avant trois et même quatre heures de l'après-midi. Moi, naïf, prenant au sérieux ce mot de matinée, je me présentai à une heure précise, croyant d'ailleurs être en retard.

« — Comme tu viens de bonne heure, monsieur, me dit un garçonnet de cinq ou six ans, blondin, en veston de velours et en pantalon brodé, qui se promenait à travers le jardin verdissant, sur un grand cheval mécanique. Ce jeune homme m'impressionna. Je saluai les cheveux blonds, le cheval, le velours, les broderies, et, trop timide pour rebrousser chemin, je montai. Madame achevant de s'habiller, je dus attendre tout seul une demi-heure. Enfin, madame arrive, cligne des yeux, reconnaît son prince valaque, et pour dire quelque chose, commence : « — Vous n'êtes donc pas à la Marche, mon prince? » A la Marche, moi qui n'avais jamais vu ni courses ni jockeys! A la fin, cela me fit honte, une bouffée subite me monta du cœur au cerveau; et puis ce clair soleil, ces odeurs de jardin au printemps entrant par la fenêtre ouverte, l'absence de solennité, cette petite femme souriante et bonne, mille choses me donnaient courage, et j'ouvris mon cœur, je dis tout, j'avouai tout en une fois : comme quoi je n'étais ni Valaque, ni prince, mais simple poète, et l'aventure de mon verre de kirsch, et mon lamentable retour, et mes peurs de province, et ma myopie, et mes espérances, tout cela relevé par l'accent de chez nous. Augustine Brohan riait comme une folle. Tout à coup, on sonne :

« — Bon! mes cuirassiers, » dit-elle.

« — Quels cuirassiers? »

« — Deux cuirassiers qu'on m'envoie du camp de Châlons et qui ont, paraît-il, d'étonnantes dispositions pour jouer la comédie. »

Je voulais partir.

« — Non pas, restez; nous allons répéter le *Lait d'ânesse*, et c'est vous qui serez le critique influent. Là, près de moi, sur ce divan! »

Deux grands diables entrent, timides, sanglés, cramoisis; l'un d'eux, je crois bien, joue la comédie quelque part aujourd'hui. On dispose un paravent, je m'installe et la représentation commence.

« — Ils ne vont pas trop mal, me disait Augustine Brohan à mi-voix, mais quelles bottes!... Monsieur le

critique, flairez-vous, les bottes? » Cette intimité avec la plus spirituelle comédienne de Paris me ravissait au septième ciel. Je me renversais sur le divan, hochant la tête, souriant d'un air entendu... Mon habit en craquait de joie.

Le moindre de ces détails me paraît énorme encore aujourd'hui. Voyez pourtant ce que c'est que l'optique : j'avais raconté à Sarcey l'histoire comique de mes débuts dans le monde. Sarcey, un jour, la répéta à Augustine Brohan. Eh bien! cette ingrate Augustine — que depuis vingt ans je n'ai d'ailleurs pas revue — jura sincèrement ne connaître de moi que mes livres. Elle avait tout oublié! mais là, tout, de ce qui a tenu tant de place dans ma vie, les verres cassés, le prince valaque, la répétition du *Lait d'ânesse*, et les bottes des cuirassiers!

LES TROIS MESSES BASSES

LES

TROIS MESSES BASSES

CONTE DE NOËL

I

« Deux dindes truffées, Garrigou?...

— Oui, mon révérend, deux dindes magnifiques, bourrées de truffes. J'en sais quelque chose, puisque c'est moi qui ai aidé à les remplir. On aurait dit que leur peau allait craquer en rôtissant, tellement elle était tendue...

— Jésus-Maria! moi qui aime tant les truffes!... Donne-moi vite mon surplis, Garrigou... Et avec les dindes, qu'est-ce que tu as encore aperçu à la cuisine!...

— Oh! toutes sortes de bonnes choses... Depuis midi

nous n'avons fait que plumer des faisans, des huppes, des gelinottes, des coqs de bruyère. La plume en volait partout... Puis de l'étang on a apporté des anguilles, des carpes dorées, des truites, des...

— Grosses comment, les truites, Garrigou?

— Grosses comme ça, mon révérend... Énormes!...

— Oh! Dieu! il me semble que je les vois... As-tu mis le vin dans les burettes?

— Oui, mon révérend, j'ai mis le vin dans les burettes... Mais dame! il ne vaut pas celui que vous boirez tout à l'heure en sortant de la messe de minuit. Si vous voyiez cela dans la salle à manger du château. Toutes ces carafes qui flambent pleines de vins de toutes les couleurs!... Et la vaisselle d'argent, les surtouts ciselés, les fleurs, les candélabres!... Jamais il ne se sera vu un réveillon pareil. Monsieur le marquis a invité tous les seigneurs du voisinage. Vous serez au moins quarante à table sans compter le bailli ni le tabellion... Ah! vous êtes bien heureux d'en être, mon révérend!... Rien que d'avoir flairé ces belles dindes, l'odeur des truffes me suit partout... Meuh!...

— Allons, allons, mon enfant. Gardons-nous du péché

de gourmandise, surtout la nuit de la Nativité... Va bien vite allumer les cierges et sonner le premier coup de la messe; car voilà que minuit est proche, et il ne faut pas nous mettre en retard... »

Cette conversation se tenait une nuit de Noël de l'an de grâce mil six cent et tant, entre le révérend dom Balaguère, ancien prieur des Barnabites, présentement chapelain gagé des sires de Trinquelague, et son petit clerc Garrigou, ou du moins ce qu'il croyait être le petit clerc Garrigou, car vous saurez que le diable, ce soir-là, avait pris la face ronde et les traits indécis du jeune sacristain pour mieux induire le révérend père en tentation et lui faire commettre un épouvantable péché de gourmandise. Donc, pendant que le soi-disant Garrigou (hum! hum!) faisait à tour de bras carillonner les cloches de la chapelle seigneuriale, le révérend achevait de revêtir sa chasuble dans la petite sacristie du château; et, l'esprit déjà troublé par toutes ces descriptions gastronomiques, il se répétait à lui-même en s'habillant :

« Des dindes rôties... des carpes dorées... des truites grosses comme ça!... »

Dehors, le vent de la nuit soufflait éparpillant la musique des cloches, et, à mesure, des lumières apparaissaient dans l'ombre aux flancs du mont Ventoux, en haut duquel s'élevaient les vieilles tours de Trinquelague. C'étaient des familles de métayers qui venaient entendre la messe de minuit au château. Ils grimpaient la côte en chantant par groupes de cinq ou six, le père en avant, la lanterne en main, les femmes enveloppées dans leurs grandes mantes brunes où les enfants se serraient et s'abritaient. Malgré l'heure et le froid, tout ce brave peuple marchait allègrement, soutenu par l'idée qu'au sortir de la messe il y aurait, comme tous les ans table mise pour eux en bas dans les cuisines. De temps en temps, sur la rude montée, le carrosse du seigneur, précédé de porteurs de torches, faisait miroiter ses glaces au clair de lune, ou bien une mule trottait en agitant ses sonnailles, et à la lueur de falots enveloppés de

brume, les métayers reconnaissaient leur bailli et le saluaient au passage :

« Bonsoir, bonsoir, maître Arnoton !

— Bonsoir, bonsoir, mes enfants ! »

La nuit était claire, les étoiles avivées de froid; la bise piquait, et un fin grésil, glissant sur les vêtements sans les mouiller, gardait fidèlement la tradition des Noëls blancs de neige. Tout en haut de la côte, le château apparaissait comme le but, avec sa masse énorme de tours, de pignons, le clocher de sa chapelle montant dans le ciel bleu noir, et une foule de petites lumières qui cli-

gnotaient, allaient, venaient, s'agitaient à toutes les fenêtres, et ressemblaient, sur le fond sombre du bâtiment, aux étincelles courant dans des cendres de papier brûlé... Passé le pont-levis et la poterne, il fallait, pour se rendre à la chapelle, traverser la première cour, pleine de carrosses, de valets, de chaises à porteurs, toute claire du feu des torches et de la flambée des cuisines. On entendait le tintement des tournebroches, le fracas des casserolles, le choc des cristaux et de l'argenterie remués dans les apprêts d'un repas; par là-dessus, une vapeur tiède, qui sentait bon les chairs rôties et les herbes fortes des sauces compliquées, faisait dire aux métayers, comme au chapelain, comme au bailli, comme à tout le monde :

« Quel bon réveillon nous allons faire après la messe ! »

II

Drelindin din !... Drelindin din !...

C'est la messe de minuit qui commence. Dans la chapelle du château, une cathédrale en miniature, aux arceaux entre-croisés, aux boiseries de chêne, montant jusqu'à hauteur des murs, les tapisseries ont été tendues, tous les cierges allumés. Et que de monde ! Et que de toilettes ! Voici d'abord, assis dans les stalles sculptées qui entourent le chœur, le sire de Trinquelague en habit de taffetas saumon, et près de lui tous les nobles seigneurs invités. En face, sur des prie-Dieu garnis de velours, ont pris place la vieille marquise douairière dans sa robe de brocart couleur de feu, et la jeune dame de Trinquelague, coiffée d'une haute tour de dentelle gaufrée à la dernière mode de la cour de France. Plus bas on voit, vêtus de noir, avec de vastes perruques en pointe et des visages rasés, le bailli Thomas Arnoton et

le tabellion maître Ambroy, deux notes graves parmi les soies voyantes et les damas brochés. Puis viennent les gras majordomes, les pages, les piqueurs, les intendants, dame Barbe, toutes ses clefs pendues sur le côté à un clavier d'argent fin. Au fond, sur les bancs, c'est le bas office, les servantes, les métayers avec leurs familles; et enfin, là-bas, tout contre la porte qu'ils entr'ouvrent et referment discrètement, messieurs les marmitons qui viennent entre deux sauces prendre un petit air de messe et apporter une odeur de réveillon dans l'église toute en fête et tiède de tant de cierges allumés.

Est-ce la vue de ces petites barrettes blanches qui donne des distractions à l'officiant? Ne serait-ce pas plutôt la sonnette de Garrigou, cette enragée petite sonnette qui s'agite au pied de l'autel avec une précipitation infernale et semble dire tout le temps : « Dépêchons-nous, dépêchons-nous... Plus tôt nous aurons fini, plus tôt nous serons à table. » Le fait est que chaque fois qu'elle tinte, cette sonnette du diable, le chapelain oublie sa messe et ne pense plus qu'au réveillon. Il se figure les cuisiniers en rumeur, les fourneaux où brûle un feu de forge, la buée qui monte des couvercles entr'ouverts, et dans cette buée deux dindes magnifiques, bourrées, tendues, marbrées de truffes...

Ou bien encore il voit passer des files de petits pages portant des plats enveloppés de vapeurs tentantes, et avec eux il entre dans la grande salle déjà prête pour le festin. O délices! voilà l'immense table toute chargée et flamboyante, les paons habillés de leurs plumes, les faisans écartant leurs ailes mordorées, les flacons couleur de rubis, les pyramides de fruits éclatants parmi les branches vertes, et ces merveilleux poissons dont parlait

Garrigou (ah! bien oui, Garrigou!) étalés sur un lit de fenouil, l'écaille nacrée comme s'ils sortaient de l'eau, avec un bouquet d'herbes odorantes dans leurs narines de

monstres. Si vive est la vision de ces merveilles, qu'il semble à dom Balaguère que tous ces plats mirifiques sont servis devant lui sur les broderies de la nappe d'autel, et deux ou trois fois, au lieu du *Dominus vobiscum!*

il se surprend à dire le *Benedicite*. A part ces légères méprises, le digne homme débite son office très consciencieusement, sans passer une ligne, sans omettre une génuflexion; et tout marche assez bien jusqu'à la fin de la première messe; car vous savez que le jour de Noël le même officiant doit célébrer trois messes consécutives.

« Et d'une! » se dit le chapelain avec un soupir de soulagement; puis, sans perdre une minute, il fait signe à son clerc ou celui qu'il croit être son clerc, et...

Drelindin din!... Drelindin din!

C'est la seconde messe qui commence, et avec elle commence aussi le péché de dom Balaguère. « Vite, vite dépêchons-nous, » lui crie de sa petite voix aigrelette la sonnette de Garrigou, et, cette fois, le malheureux officiant, tout abandonné au démon de gourmandise, se rue sur le missel et dévore les pages avec l'avidité de son appétit surexcité. Frénétiquement il se baisse, se relève, esquisse les signes de croix, les génuflexions, raccourcit tous ses gestes pour avoir plus tôt fini. A peine s'il étend ses bras à l'évangile, s'il frappe sa poitrine au *Confiteor*. Entre le clerc et lui c'est à qui bredouillera le plus vite. Versets et répons se précipitent, se bousculent. Les mots à moitié prononcés, sans ouvrir la bouche, ce qui prendrait trop de temps, s'achèvent en murmures incompréhensibles.

Oremus ps... ps... ps...
Mea culpa... pa... pa...

Pareils à des vendangeurs pressés foulant le raisin de la cuve, tous deux barbotent dans le latin de la messe, en envoyant des éclaboussures de tous les côtés.

Dom... scum!... dit Balaguère.

... Stutuo!... répond Garrigou; et tout le temps la

damnée petite sonnette est là qui tinte à leurs oreilles, comme ces grelots qu'on met aux chevaux de poste pour les faire galoper à la grande vitesse. Pensez que de ce train-là une messe basse est vite expédiée.

« Et de deux! » dit le chapelain tout essoufflé; puis sans prendre le temps de respirer, rouge, suant, il dégringole les marches de l'autel et...

Drelindin din!... Drelindin din!...

C'est la troisième messe qui commence. Il n'y a plus que quelques pas à faire pour arriver à la salle à manger; mais, hélas! à mesure que le réveillon approche, l'infortuné Balaguère se sent pris d'une folie d'impatience et de gourmandise. Sa vision s'accentue, les carpes dorées, les dindes rôties sont là, là... Il les touche;... il les... Oh! Dieu! Les plats fument, les vins embaument; et, secouant son grelot enragé, la petite sonnette lui crie :

« Vite, vite, encore plus vite!... »

Mais comment pourrait-il aller plus vite? Ses lèvres remuent à peine. Il ne prononce plus les mots... A moins de tricher tout à fait le bon Dieu et de lui escamoter sa messe... Et c'est ce qu'il fait, le malheureux!... De tentation en tentation, il commence par sauter un verset, puis deux. Puis l'épitre est trop longue, il ne la finit pas, effleure l'évangile, passe devant le *Credo* sans entrer, saute le *Pater*, salue de loin la préface, et par bonds et par élans se précipite ainsi dans la damnation éternelle, toujours suivi de l'infâme Garrigou (*vade retro, Satanas!*) qui le seconde avec une merveilleuse entente, lui relève sa chasuble, tourne les feuillets deux par deux, bouscule les pupitres, renverse les burettes, et sans cesse secoue la petite sonnette de plus en plus fort, de plus en plus vite.

Il faut voir la figure effarée que font tous les assistants ! Obligés de suivre à la mimique du prêtre cette messe dont ils n'entendent pas un mot, les uns se lèvent quand les autres s'agenouillent, s'asseyent quand les autres sont debout ; et toutes les phases de ce singulier office se confondent sur les bancs dans une foule d'attitudes diverses. L'étoile de Noël en route dans les chemins du

ciel, là-bas, vers la petite étable, pâlit d'épouvante en voyant cette confusion...

« L'abbé va trop vite... On ne peut pas suivre, » murmure la vieille douairière en agitant sa coiffe avec égarement. Maître Arnoton, ses grandes lunettes d'acier sur le nez, cherche dans son paroissien où diantre on peut bien en être. Mais au fond, tous ces braves gens qui, eux aussi pensent à réveillonner, ne sont pas fâchés que la messe aille ce train de poste; et quand dom Balaguère, la figure rayonnante, se tourne vers l'assistance en criant de toutes ses forces : *Ite, missa est,* il n'y a qu'une voix dans la chapelle pour lui répondre un *Deo gratias* si joyeux, si entraînant, qu'on se croirait déjà à table au premier toast du réveillon.

III

Cinq minutes après, la foule des seigneurs s'asseyait dans la grande salle, le chapelain au milieu d'eux. Le château, illuminé du haut en bas, retentissait de chants, de cris, de rires, de rumeurs; et le vénérable dom Balaguère plantait sa fourchette dans une aile de gelinotte, noyant le remords de son péché sous des flots de vin du pape et de bons jus de viandes. Tant il but et mangea, le pauvre saint homme, qu'il mourut dans la nuit d'une terrible attaque, sans avoir eu seulement le temps de se repentir, puis au matin, il arriva dans le ciel encore tout en rumeur des fêtes de la nuit, et je vous laisse à penser comme il y fut reçu.

« Retire-toi de mes yeux, mauvais chrétien! lui dit le souverain Juge, notre maître à tous. Ta faute est assez grande pour effacer toute une vie de vertu... Ah! tu m'as volé une messe de nuit... Eh bien! tu m'en payeras trois cents en place, et tu n'entreras en paradis que quand tu auras célébré dans ta propre chapelle ces trois cents messes de Noël en présence de tous ceux qui ont péché par ta faute et avec toi... »

... Et voilà la vraie légende de dom Balaguère comme on la raconte aux pays des olives. Aujourd'hui, le château de Trinquelague n'existe plus, mais la chapelle se tient encore droite, tout en haut du mont Ventoux, dans un bouquet de chênes verts. Le vent fait battre sa porte disjointe, l'herbe encombre le seuil; il y a des nids aux angles de l'autel et dans l'embrasure des hautes croisées dont les vitraux coloriés ont disparu depuis longtemps. Cependant il paraît que tous les ans, à Noël, une lumière surnaturelle erre parmi ces ruines, et qu'en allant aux messes et aux réveillons, les paysans aperçoivent ce spectre de chapelle éclairé de cierges invisibles qui brûlent au grand air, même sous la neige et le vent. Vous en rirez si vous voulez, mais un vigneron de l'endroit, nommé Garrigue, sans doute un descendant de Garrigou, m'a affirmé qu'un soir de Noël, se trouvant un peu en ribote, il s'était perdu dans la montagne du côté de Trinquelague; et voici ce qu'il avait vu... Jusqu'à onze heures, rien. Tout était silencieux, éteint, inanimé. Soudain, vers minuit, un carillon sonna tout en haut du clocher, un vieux, vieux carillon qui avait l'air d'être à dix lieues. Bientôt, dans le chemin qui monte, Garrigue vit trembler des feux, s'agiter des ombres indécises. Sous le porche de la chapelle, on marchait, on chuchotait :

« Bonsoir, maître Arnoton !

— Bonsoir, bonsoir, mes enfants !... »

Quand tout le monde fut entré, mon vigneron qui

était très brave s'approcha doucement, et, regardant par la porte cassée, eut un singulier spectacle. Tous ces gens qu'il avait vus passer étaient rangés autour du chœur, dans la nef en ruine, comme si les anciens bancs existaient encore. De belles dames en brocart avec des coiffes de dentelle, des seigneurs chamarrés du haut en bas, des paysans en jaquettes fleuries ainsi qu'en avaient nos grands-pères, tous l'air vieux, fané, poussiéreux, fatigué. De temps en temps, des oiseaux de nuit, hôtes habituels de la chapelle, réveillés par toutes ces lumières, venaient rôder autour des cierges dont la flamme montait droite et vague comme si elle avait brûlé derrière une gaze; et ce qui amusait beaucoup Garrigue, c'était un certain personnage à grandes lunettes d'acier, qui secouait à chaque instant sa haute perruque noire sur laquelle un de ces oiseaux se tenait droit tout empêtré en battant silencieusement des ailes...

Dans le fond, un petit vieillard de taille enfantine, à genoux au milieu du chœur, agitait désespérément une sonnette sans grelots et sans voix, pendant qu'un prêtre habillé de vieil or allait, venait devant l'autel en récitant des oraisons dont on n'entendait pas un mot... Bien sûr c'était dom Balaguère, en train de dire sa troisième messe basse.

LE NOUVEAU MAITRE

LE NOUVEAU MAITRE

Elle est bien changée notre petite école, depuis le départ de M. Hamel. De son temps, nous avions toujours quelques minutes de grâce le matin, en arrivant. On se mettait en rond autour du poêle pour se dégourdir un peu les doigts, secouer la neige ou le grésil attaché aux habits. On causait doucement en se montrant les uns aux autres ce qu'on avait dans son panier. Cela donnait, à ceux qui habitent au bout du pays, le temps d'arriver pour la prière et l'appel... Aujourd'hui ce n'est plus la même chose. Il s'agit d'arriver juste à l'heure. Le prussien Klotz, notre nouveau maître, ne plaisante pas. Dès huit heures moins cinq, il est debout dans sa chaire, sa grosse canne à côté de lui, et malheur aux retardataires ! Aussi il faut entendre les sabots se dépêcher dans la petite cour, et les voix essoufflées crier dès la porte : « Présent ! »

C'est qu'il n'y a pas d'excuse avec ce terrible Prussien. Il n'y a pas à dire : « J'ai aidé ma mère à porter le linge au lavoir... Le père m'a emmené au marché avec

lui. » M. Klotz ne veut rien entendre. On dirait que pour ce misérable étranger nous n'avons ni maison ni famille, que nous sommes venus au monde écoliers, nos livres sous le bras, tout exprès pour apprendre l'allemand et recevoir des coups de trique. Ah ! j'en ai reçu ma bonne part dans le commencement. Notre scierie est si loin de l'école, et il fait jour si tard en hiver ! A la fin, comme je revenais toujours le soir avec des marques rouges sur les doigts, sur le dos, partout, le père s'est décidé à me mettre pensionnaire ; mais j'ai eu bien du mal à m'y habituer.

C'est qu'avec M. Klotz, les pensionnaires ont aussi Mme Klotz, qui est encore plus méchante que lui, et puis une foule de petits Klotz, qui vous courent après dans les escaliers, en vous criant que les Français sont tous des bêtes, tous des bêtes. Heureusement que le

dimanche, quand ma mère vient me voir, elle m'apporte toujours des provisions, et comme tout ce monde-là est très gourmand, je suis assez bien vu dans la maison.

Un que je plains de tout mon cœur, par exemple, c'est Gaspard Hénin. Celui-là couche aussi dans la petite chambre sous les toits. Voilà deux ans qu'il est orphelin, et que son oncle le meunier, pour se débarrasser de lui, l'a mis à l'école tout à fait. Quand il est arrivé, c'était un gros garçon de dix ans qui en paraissait bien quinze, habitué à courir et à jouer en plein air tout le jour, sans se douter seulement qu'on apprenait à lire. Aussi, les premiers temps, ne faisait-il que pleurer et sangloter avec des plaintes de chien à l'attache; très bon malgré cela, et des yeux doux comme ceux d'une fille. A force de patience, M. Hamel, notre ancien maître, était parvenu à l'apprivoiser, et, quand il avait une petite course à faire aux environs, il envoyait Gaspard, tout heureux de se sentir à l'air libre, de s'éclabousser aux ruisseaux et d'attraper de grands coups de soleil sur sa figure hâlée. Avec M. Klotz, tout a changé.

Le pauvre Gaspard, qui avait déjà eu tant de mal à se mettre au français, n'a jamais pu apprendre un mot d'allemand. Il se butte des heures entières sur la même déclinaison, et l'on sent bien, dans ses sourcils froncés, encore plus d'entêtement et de colère que d'attention. A chaque leçon, la même scène recommence : « Gaspard Hénin, levez-vous !... » Hénin se lève en boudant, se balance sur son pupitre, puis se rassied sans dire une parole. Alors le maître le bat, Mme Klotz le prive de manger. Mais ça ne le fait pas apprendre plus vite. Bien souvent, le soir, en montant dans la petite chambre, je lui ai dit : « Ne pleure donc pas, Gaspard, fais comme moi. Apprends à lire l'allemand, puisque ces gens-là sont les plus forts. » Mais lui me répondait toujours :

« Non, je ne veux pas... je veux m'en aller, je veux retourner chez nous. » C'était son idée fixe.

Sa *languitude* des commencements lui était revenue encore plus forte, et le matin, au petit jour, quand je le voyais assis sur son lit, les yeux fixes, je comprenais qu'il pensait au moulin en train de s'éveiller à cette heure, et à la belle eau courante dans laquelle il a barbotté

toute sa vie d'enfant. Ces choses l'attiraient de loin, et les brutalités du maître ne faisaient que le pousser vers sa maison encore plus vite et le rendre tout à fait sauvage. Quelquefois, après les coups de trique, en voyant ses yeux bleus se foncer de colère, je me disais qu'à la place de M. Klotz j'aurais peur de ce regard-là. Mais ce diable de Klotz n'a peur de rien. Après les coups, la faim; il a encore inventé la prison, et Gaspard ne sort presque plus. Pourtant, dimanche dernier, comme il n'avait pas pris l'air depuis deux mois, on l'emmena avec nous tous dans la grande prairie communale, hors du village.

Il faisait un temps superbe, et nous courions de toutes nos forces dans de grandes parties de barres, heureux de sentir la bise froide qui nous faisait penser à la neige

et aux glissades. Comme toujours Gaspard se tenait à l'écart à la lisière du bois, remuant les feuilles, coupant les branches, et se faisant des jeux à lui tout seul ! Au moment de se mettre en rang pour partir, plus de Gaspard. On le cherche, on l'appelle. Il s'était échappé. Il fallait voir la colère de M. Klotz. Sa grosse figure était pourpre, sa langue s'embarrassait dans des jurons allemands. C'est nous qui étions contents. Alors, après avoir renvoyé les autres au village, il prit deux grands avec lui, moi et un autre, et nous voilà partis pour le moulin Hénin. La nuit tombait. Partout des maisons fermées, chaudes du bon feu et du bon repas du dimanche, un

petit filet de lumière glissait sur la route et je pensais qu'à cette heure-là on devait être bien à table et à l'abri.

Chez les Hénin le moulin était arrêté, la palissade fermée, tout le monde rentré, bêtes et gens. Quand le garçon vint nous ouvrir, les chevaux, les moutons remuèrent dans leur paille; et sur les perchoirs du poulailler, il y eut de grands coups d'ailes et des cris de peur comme si tout ce petit peuple avait reconnu M. Klotz. Les gens du moulin étaient attablés en bas dans la cuisine, une grande cuisine bien chauffée, bien éclairée et toute reluisante, depuis les poids de l'horloge jusqu'aux chaudrons. Entre le meunier Hénin et sa femme, Gaspard, assis au haut bout de la table, avait la mine épanouie d'un enfant heureux, choyé, caressé.

Pour expliquer sa présence, il avait inventé je ne sais quelle fête d'archiduc, une vacance prussienne, et l'on était en train de célébrer son arrivée. Quand il aperçut M. Klotz, le malheureux regarda tout autour de lui, cherchant une porte ouverte pour s'échapper; mais la grosse main du maître s'appuya sur son épaule, et, en une minute, l'oncle fut informé de l'escapade. Gaspard avait la tête levée et non plus son air honteux d'écolier pris en faute. Alors lui qui d'habitude parlait si rarement, retrouva sa langue tout à coup : « Eh bien, oui, je me suis échappé! Je ne veux plus aller à l'école. Je n'apprendrai jamais l'allemand, une langue de pillards et d'assassins. Je veux parler français comme mon père et ma mère. » Il tremblait, il était terrible.

— « Tais-toi, Gaspard... » lui disait l'oncle; mais rien

ne pouvait l'arrêter. « C'est bon... c'est bon... Laissez-le... Nous viendrons le chercher avec les gendarmes... » Et M. Klotz ricanait. Il y avait un grand couteau sur la table; Gaspard le prit avec un geste terrible qui fit reculer le maître :

« Eh bien! amenez-les vos gendarmes. » Alors l'oncle Hénin, qui commençait à prendre peur, se jeta sur son neveu, lui arracha le couteau des mains, et je vis une chose affreuse. Comme Gaspard criait toujours : « Je n'irai pas... je n'irai pas ! » on l'attacha solidement. Le malheureux mordait, écumait, appelait sa tante qui était remontée toute tremblante et pleurant. Puis, pendant qu'on attelait le char à bancs, l'oncle voulut nous faire manger. Moi, je n'avais pas faim, vous pensez ; mais M. Klotz se mit à dévorer, et tout le temps le meunier lui faisait des excuses pour les injures que Gaspard lui avait dites à lui et à Sa Majesté l'empereur d'Allemagne. Ce que c'est que d'avoir peur des gendarmes !

Quel triste retour ! Gaspard, étendu au fond de la charrette sur de la paille, comme un mouton malade, ne disait plus un mot. Je le croyais endormi, affaissé par tant de colères et de larmes, et je pensais qu'il devait avoir bien froid, nu-tête et sans manteau comme il était ; mais je n'osais rien dire de peur du maître. La pluie était froide. M. Klotz, son bonnet fourré bien descendu jusqu'aux oreilles, tapait le cheval en chantonnant. Le vent faisait danser la lumière des étoiles et nous allions, nous allions sur la route blanche et gelée. Nous étions déjà loin du moulin. On n'entendait presque plus le bruit de l'écluse, quand une voix faible, pleurante, suppliante, monta tout à coup du fond de la charrette et cette voix disait, dans notre patois d'Alsace : « *Losso mi fort gen, herr Klotz...* Laissez-moi m'en aller, monsieur Klotz... » C'était si triste à entendre que les larmes m'en vinrent aux yeux. M. Klotz, lui, souriait méchamment, et continuait de chanter en fouettant sa bête.

Au bout d'un moment, la voix recommença : « *Losso mi fort gen, herr Klotz...* » et toujours sur le même

ton bas, adouci, presque machinal. Pauvre Gaspard ! on aurait dit qu'il récitait une prière.

Enfin la voiture s'arrêta. Nous étions arrivé. Mme Klotz attendait devant l'école, avec une lanterne, et elle était si en colère contre Gaspard Hénin, qu'elle avait envie de le battre. Mais le Prussien l'en empêcha, disant avec un mauvais rire : « Nous réglerons son compte demain...

Pour ce soir il en a assez. » Oh! oui, il en avait assez le malheureux enfant! Ses dents claquaient, il tremblait de fièvre. On fut obligé de le monter dans son lit. Et moi aussi, cette nuit-là, je crois bien que j'avais la fièvre. Tout le temps je sentais le cahot de la voiture et j'entendais mon pauvre ami dire de sa voix douce : « Laissez-moi m'en aller, M. Klotz! »

TABLE DES CHAPITRES

TABLE DES CHAPITRES

	Pages.
Un coup de tête...	1
La Belle-Nivernaise...	33
En route...	47
La vie est rude...	71
Les ambitions de Maugendre...	103

Jarjaille chez le Bon Dieu...	149
La Figue et le Paresseux...	161
Premier Habit...	173
Les trois Messes basses...	191
Le Nouveau Maître...	213

ÉTRENNES 1887

OUVRAGES ILLUSTRÉS

DESTINÉS A LA JEUNESSE

ENVOI FRANCO CONTRE MANDAT

C. MARPON & E. FLAMMARION
ÉDITEURS
Rue Racine, 26, près l'Odéon
PARIS

VIENT DE PARAITRE

ALPHONSE DAUDET

LA

BELLE-NIVERNAISE

HISTOIRE D'UN VIEUX BATEAU ET DE SON ÉQUIPAGE

ÉDITION DE GRAND LUXE

Illustrée par **MONTÉGUT**

DE NOMBREUSES GRAVURES DANS LE TEXTE

ET DE PLANCHES A PART TIRÉES EN PHOTO-TYPIE

UN BEAU VOLUME GRAND IN-8° JÉSUS

Prix : Broché . . . . 10 fr.
— Relié toile, tranches dorées et plaque . . . . 14 fr.
— Relié demi-chagrin, tranches dorées . . . . 16 fr.

SPÉCIMEN DES GRAVURES DE « LA BELLE-NIVERNAISE »

IL SE CRAMPONNAIT AU GOUVERNAIL

VIENT DE PARAITRE

BIBLIOTHÈQUE SCIENTIFIQUE POPULAIRE
PUBLIÉE SOUS LA DIRECTION
DE
CAMILLE FLAMMARION

LA CRÉATION DE L'HOMME
ET LES
PREMIERS AGES DE L'HUMANITÉ

PAR

HENRI DU CLEUZIOU

(OUVRAGE FAISANT SUITE AU « MONDE AVANT LA CRÉATION DE L'HOMME »)

UN BEAU VOLUME GRAND IN-8° JÉSUS

Illustré de 350 figures

CINQ GRANDES PLANCHES TIRÉES A PART, DEUX CARTES EN COULEUR

Prix : Broché. . . . . **10** fr.
— Relié toile, tranches dorées et plaque. . . . . **14** fr.
— — demi-chagrin, tranches dorées. . . . . **15** fr.
— Reliure d'amateur, avec coins . . . . **16** fr.

SPÉCIMEN DES GRAVURES DE « LA CRÉATION DE L'HOMME »

OUVRAGES DE
CAMILLE FLAMMARION

LE MONDE
AVANT LA CRÉATION DE L'HOMME
ORIGINES DE LA TERRE — ORIGINES DE LA VIE — ORIGINES DE L'HUMANITÉ

Un volume grand in-8° jésus, illustré de plus de 400 figures, vues idéales du monde antédiluvien chromolithographies, cartes en couleurs, etc.

PRIX : Broché..	**10** fr.
— Relié toile, tranches dorées et plaque.........	**14** fr.
— — demi-chagrin, tranches dorées.........	**15** fr.
— Reliure d'amateur................................	**16** fr.

ASTRONOMIE POPULAIRE
Quatre-vingtième mille

UN BEAU VOLUME GRAND IN-8° JÉSUS DE 859 PAGES, COURONNÉ PAR L'ACADÉMIE FRANÇAISE

Illustré de 360 gravures, 7 chromolithographies, cartes célestes, etc.

PRIX : Broché..	**12** fr.
— Relié toile, tranches dorées et plaque.........	**16** fr.
— — demi-chagrin, tranches dorées.........	**17** fr.
— Reliure d'amateur, avec coins................	**18** fr.

LES ÉTOILES
ET LES CURIOSITÉS DU CIEL

Description complète du Ciel, étoile par étoile, Constellations, Instruments, etc.

QUARANTIÈME MILLE

Un volume grand in-8° jésus, illustré de 400 gravures et de chromolithographies.

PRIX : Broché..	**12** fr.
— Relié toile, tranches dorées et plaque.........	**16** fr.
— — demi-chagrin, tranches dorées.........	**17** fr.
— Reliure d'amateur, avec coins................	**18** fr.

LES TERRES DU CIEL
DESCRIPTION DES AUTRES MONDES, ÉTAT PROBABLE DE LA VIE A LEUR SURFACE

Ouvrage illustré de photographies célestes, vues télescopiques, cartes et nombreuses figures.

Un volume grand in-8° jésus.

PRIX : Broché..	**12** fr.
— Relié toile, tranches dorées et plaque.........	**16** fr.
— — demi-chagrin, tranches dorées.........	**17** fr.
— Reliure d'amateur, avec coins................	**18** fr.

LES ROIS DE LA TERRE A L'ÉPOQUE JURASSIQUE

— 8 —

ÉDITION SPÉCIALE POUR LA JEUNESSE

HECTOR MALOT

LA PETITE SŒUR

UN BEAU VOLUME GRAND IN-8° JÉSUS

Illustré par

CHAPUIS, DASCHER, C. GUYOT, H. MARTIN, MOUCHOT, ROCHEGROSSE, VOGEL

GRAVURE DE F. MÉAULLE

Prix : Broché . . . . **10 fr.**
— Relié toile, tranches dorées et plaque . . . . **14 fr.**
— — demi-chagrin, tranches dorées. . . . . **16 fr.**

SPÉCIMEN DES GRAVURES DE « TARTARIN SUR LES ALPES »

ÉTRENNES DE 1887

ALPHONSE DAUDET

Tartarin
sur les
Alpes

ÉDITION ILLUSTRÉE

DE

150 compositions

PAR

MM. MYRBACH, ARANDA, DE BEAUMONT, ROSSI, MONTENARD

FRONTISPICE ET COUVERTURE, AQUARELLES DE ROSSI

Portrait de l'auteur

UN VOLUME IN-18

Prix : Broché . . . . **3 fr. 50**
— Relié toile, avec plaque. . . . . . . **5 fr.** »
— Belle reliure d'amateur. . . . . . . **6 fr.** »

OUVRAGE COURONNÉ PAR L'ACADÉMIE FRANÇAISE

MARIE ROBERT HALT

HISTOIRE D'UN PETIT HOMME

ÉDITION DE GRAND LUXE, ORNÉE DE PRÈS DE 100 GRAVURES

UN VOLUME GRAND IN-8° JÉSUS

Prix : Broché................................	**10** fr.
— Relié toile, tranches dorées et plaque.........	**14** fr.
— — demi-chagrin, tranches dorées..........	**16** fr.

MARIE ROBERT HALT

LA PETITE LAZARE

ÉDITION DE GRAND LUXE ILLUSTRÉE PAR GILBERT

UN BEAU VOLUME GRAND IN-8° JÉSUS

Prix : Broché................................	**10** fr.
— Relié toile, tranches dorées et plaque.........	**14** fr.
— — demi-chagrin, tranches dorées..........	**16** fr.

SPÉCIMEN DES GRAVURES DE L' « HISTOIRE D'UN PETIT HOMME »

TU ES DONC MÉCANICIEN, MON GARÇON?

VIENT DE PARAITRE

ALFRED BARBOU

LA VIE DE VICTOR HUGO

ÉDITION ILLUSTRÉE PAR

ÉMILE BAYARD, CLERGET, GIACOMELLI, J.-P. LAURENS, LIX, VOGEL, ZIER

Et d'un grand nombre de DESSINS DE VICTOR HUGO

GRAVURES DE MÉAULLE

UN BEAU VOLUME GRAND IN-8° JÉSUS

Prix : Broché . . . . **6 fr. 50**
  —   Relié toile, tranches dorées, plaque. . . . . **10 fr.** »

Œuvres illustrées de **VICTOR TISSOT**

VOYAGE AU PAYS DES MILLIARDS

ÉDITION DE LUXE, ILLUSTRÉE DE **300** DESSINS

Un volume grand in-8° jésus. . . . . **5 fr.**

LES PRUSSIENS EN ALLEMAGNE

Un volume grand in-8°, illustré. . . . . **5 fr. 50**

VOYAGE AUX PAYS ANNEXÉS

ÉDITION DE LUXE SPLENDIDEMENT ILLUSTRÉE

Un volume grand in-8° jésus . . . . **5 fr. 50**

VICTOR HUGO AU CHEVET DE SA MÈRE MALADE

ÉTRENNES SÉRIEUSES

MALTE-BRUN
GÉOGRAPHIE UNIVERSELLE
FRANCE ET COLONIES. — EUROPE

Deux volumes grand in-8° renfermant plus de 600 gravures.
PRIX DE L'OUVRAGE RELIÉ, TOILE ROUGE : 25 FR. LES 2 VOLUMES AU LIEU DE 60 FR.

ŒUVRES DE W. SHAKESPEARE
TRADUCTION DE F.-Victor HUGO

18 volumes in-8° illustrés de 36 eaux-fortes de PILLE
RELIURE D'AMATEUR, COINS ET TÊTE DORÉS, 100 FRANCS

C. DE COSTER
LA LÉGENDE D'ULENSPIEGEL
Illustré de 32 eaux-fortes
PAR F. ROPS, LAUTERS, HUBERT, LÉON BECK, H. BOULENGER, ETC.
UN MAGNIFIQUE VOLUME IN-4°. — PRIX : 25 FRANCS.

J. MICHELET
HISTOIRE DE FRANCE
Édition illustrée par VIERGE
19 VOLUMES IN-8° AVEC RELIURE D'AMATEUR, TÊTE DORÉE. — PRIX : 180 FRANCS

HISTOIRE
DE LA RÉVOLUTION FRANÇAISE
Édition illustrée par VIERGE
9 VOLUMES IN-8° EN RELIURE D'AMATEUR. — PRIX : 85 FRANCS

ÉTRENNES 1887

JOSEPH MONTET

CONTES PATRIOTIQUES

Illustrés par

JEAN BÉRAUD, RENÉ GILBERT, LOUIS LE RÉVÉREND, EUGÈNE CHAPERON
DÉSERT, SERGENT, CARAN D'ACHE, CHOUBRAC, WILLETTE, ETC.

UN VOLUME GRAND IN-16

Prix : Broché . . . . 5 fr.
— Relié toile, tranches dorées et plaque . . . . 6 fr.

PAUL DÉROULÈDE

MONSIEUR LE HULAN

OU LES TROIS COULEURS

Illustré de 16 compositions de Kauffmann tirées en couleur.

UN ÉLÉGANT ALBUM IN-4° RELIÉ RICHEMENT AVEC PLAQUE

PRIX : **5** FRANCS

AUTEURS CÉLÈBRES

COLLECTION ELZÉVIRIENNE

UN FRANC LE VOLUME

ŒUVRES AUTHENTIQUES
ÉLUCIDÉES PAR DES PRÉFACES, NOTES, NOTICES, VARIANTES
TABLES ANALYTIQUES, GLOSSAIRES, INDEX

Molière. — Œuvres complètes. Notice sur chaque comédie par Ch. LOUANDRE . . . . 8 vol.	**Furetière.** — Le Roman bourgeois . . . . 2 vol.
Villon. — Œuvres complètes. . . 1 vol.	**L'Homme à bonnes fortunes.** 1 vol.
Caylus (Mme de). — Souvenirs. 1 vol.	**Histoire de don Pablo de Ségovie** . . . . 1 vol.
Contes fantastiques. — Le Diable amoureux, Démon marié, Merveilleuse histoire . . . . . . 1 vol.	**Rabelais.** — Œuvres complètes (Notes et Glossaire) . . . . 7 vol.
La Princesse de Clèves. . . . 1 vol.	**Aventures de Til Ulespiègle.** 1 vol.
Malherbe. — Poésies complètes. 1 vol.	**Bernardin de Saint-Pierre.** — Paul et Virginie . . . . . . 1 vol
Manon Lescaut . . . . 1 vol.	**Perrault.** - Contes . . . . . . 1 vol.
La Fontaine. — Contes et Nouvelles . . . . 2 vol.	**Le Sage.** — Le Diable boiteux. 2 vol.
La Fontaine. — Fables . . . . 2 vol.	**Fernando de Rojas.** — La Célestine . . . . 1 vol
Daphnis et Chloé . . . . 1 vol.	**Clément-Marot.** — Œuvres complètes . . . . 4 vol
Restif de la Bretonne :	**Diderot.** — Œuvres choisies :
*Contemporaines mêlées . . . . 1 vol	*Le neveu de Rameau . . . . 1 vol.
** — du commun . . 1 vol	**Pensées philosophiques . . . 1 vol
*** — par gradation . . 1 vol	***La Religieuse . . . . 1 vol.
Regnier. — Œuvres complètes, 1 vol.	****Jacques le fataliste . . . . 1 vol.
Heptaméron des nouvelles de la reine de Navarre . . . . . . 2 vol.	**Anatole de Montaiglon.** — Roman de Jehan de Paris . . 1 vol.
Voltaire. — Dialogues complets. 3 vol.	**Chénier (André).** — Poésies . . 1 vol.

TOUS LES VOLUMES SE VENDENT SÉPARÉMENT

Les mêmes ouvrages existent en papier de luxe
Papier vergé, le vol. broché, **2 fr.** — Collection cartonnée percaline bleue, **2 fr. 50**
Papier Whatman, broché, **4 fr.** — Papier de Chine, **15 fr.**

Les titres suivants n'ont pas encore été publiés à UN FRANC le volume

CH. D'ORLÉANS. — Poésies complètes . . . . 2 vol.	**Lettres de Mlle de LESPINASSE** . . . 2 vol.
MONTESQUIEU. — Lettres persanes . . . . 2 vol.	**STAAL (Mme DE).** — Œuvres : mémoires, lettres, etc. . . . . . 2 vol.
Heptaméron des Nouvelles de la REINE DE NAVARRE . . . . . 2 vol.	**La Reconnaissance de Sakountalâ** . . . . 1 vol.
	Merveilles de l'Inde (inédit) . . 1 vol.

Prix, cartonné percaline bleue, **2 fr. 50**

ENVOI FRANCO CONTRE MANDAT

PARIS. — IMP. C. MARPON ET E. FLAMMARION, RUE RACINE, 26.

Texte détérioré — reliure défectueuse

NF Z 43-120-11

www.ingramcontent.com/pod-product-compliance
Lightning Source LLC
Chambersburg PA
CBHW050327170426
43200CB00009BA/1489